Liz Mac Tea

Tutta colpa del tacco 12

Blueberry Edizioni,
La Nuova Casa del Romance

Questa è un'opera di fantasia. Ogni riferimento a fatti storici, personaggi o luoghi reali è completamente fittizio. Altri nomi, personaggi, luoghi e avvenimenti sono il frutto dell'immaginazione dell'autore, e qualunque somiglianza con fatti, luoghi o persone reali, viventi o defunte, è del tutto casuale.

"Tieni sempre alti
la testa, i tuoi standard…
e i tacchi"

Coco Chanel

Prologo

Ho sempre pensato che le scarpe col tacco non fossero adatte alla sottoscritta. Mi sono sempre sentita più a mio agio con delle Converse, magari rosa shocking, o con un paio di ballerine, ma coi tacchi proprio no.

Mi sono ritrovata a indossarli solo per "certe" occasioni: matrimoni, battesimi, eventi del genere, ma anche lì finivo sempre col cambiarmi scarpa per tornare alle mie comode abitudini.

Mai, però, avrei immaginato che un paio di eleganti e costosissime Louboutin mi avrebbero fatto letteralmente cadere trovando così l'amore con la A maiuscola, quello delle favole che tanto amo.

1

Ho sempre amato l'inizio dell'autunno. Le giornate sono ancora miti, si possono fare delle lunghe passeggiate nel parco assaporando il mutare delle stagioni con i suoi colori che vanno a tingere di giallo e rosso Kensington Gardens.

Al mattino si riesce a incontrare anche qualche scoiattolo che si concede una corsa tra le foglie che ricoprono i sentieri sperando di trovare qualche ghianda o dei turisti che in cambio di una foto gli allunghino delle noccioline.

Amo l'autunno, soprattutto qui a Londra e non potrei immaginare di abitare altrove, ho una sorta di dipendenza da questa città.

Stamattina una coltre grigiastra non permette ai tiepidi raggi di scaldarmi le guance ma, nonostante ciò, cammino cercando di gustarmi questa passeggiata rivitalizzante per andare al lavoro.

Da poco sono riuscita a entrare nella "squadra" di Connor O'Reel, l'illustre cake designer a capo di una delle più rinomate pasticcerie inglesi.

I suoi dolci sono famosi non solo nel Regno Unito, le star si contendono spesso una sua wedding cake per i loro matrimoni.

Lavorare con lui è come aver realizzato un sogno, ma devo ammettere che non è affatto semplice.

È severo e oltremodo rigoroso e rigido, gli errori non sono ammessi e tutti devono sottostare alle sue regole.

Non dà confidenza a nessuno, della sua vita privata non si sa praticamente niente se non che vive in un attico nei pressi di *Regent's Park*.

Al lavoro deve avere il controllo assoluto su tutto.

Non conosce i nomi dei suoi dipendenti; l'unica di cui si fida è Ingrid, la sua assistente, che lavora con lui praticamente da sempre.

Immagino che essere riuscito a creare tutto questo a poco più che trent'anni non sia stato affatto semplice, deve aver lavorato parecchio e con molto impegno.

È cosa rara vedere affiorare un sorriso sulle sue labbra, penso che da quando lavoro per lui sono riuscita raramente a scorgere una sorta di risolino sul suo viso.

Però nonostante questo suo carattere è incredibilmente affascinante, osservare le sue mani che con abilità e destrezza creano rose e magnolie in pasta di zucchero è un qualcosa che potrei fermarmi a guardare per ore.

Connor O'Reel riesce a catturare gli sguardi di ogni donna e anche *GQ* lo ha definito uno dei dieci uomini più sexy del Regno Unito; al lavoro tutte pendono dalle sue labbra e farebbero a gara per ricevere un suo sorriso o una sua parola. Tutte tranne me.

A livello lavorativo lo ammiro, lavorare con lui è una grande opportunità, un sogno che si realizza, ma lo ritengo anche una persona distaccata, priva di sentimenti.

Mi fermo al piccolo chiosco per prendere il mio consueto cappuccino con panna e poi proseguo la mia passeggiata nel parco.

Entro nel palazzo recentemente rimodernato e salgo al piano attico dove lavoro, si dice che Connor abbia un'autentica passione per gli attici.

Do uno sguardo allo smartphone e vado a mettermi la casacca-pantalone per iniziare.

Ingrid sta già preparando una ganache al cioccolato amaro per la torta in lavorazione.

Mi guarda entrare.

«Buongiorno Lucy, dovresti cominciare a farcire quei mignon e mi raccomando Connor ha chiesto espressamente di essere precisa, non sono ammesse sbavature», mi dice lei proseguendo a mescolare con la frusta.

«Tranquilla, farò attenzione», le rispondo io prendendo la *sac-à-poche*.

Ingrid deve avere più o meno la stessa età di Connor intorno ai trent'anni o poco più.

È una ragazza minuta e snella, capelli biondi tagliati alle spalle che tiene rigorosamente raccolti in un ordinato chignon, occhi grigi, viso dai lineamenti delicati con poco trucco.

È timida e piuttosto riservata e tutti qua dentro vociferano che sia innamorata di Connor da anni. Ovviamente si tratta di una cotta a senso unico, lui non si accorge minimamente di lei se non per impartirle nuovi incarichi.

Inizio a riempire la *sac-à-poche* e come richiesto faccio attenzione a non far sbavature di crema sul delicato e soffice cupcake in formato mignon.

Non siamo in molti a lavorare per la *Luxury Cakes*, solo Ingrid, Tom, Alvin e io. Nel settore marketing e prenotazioni invece troviamo Mary e Cerry estremamente antipatiche e con la puzza sotto al naso.

La porta sbatte quando vediamo entrare Connor; passa tra i banconi e si avvicina a Ingrid.

Dal suo metro e novanta si china per poter parlare con lei, Ingrid lo ascolta attenta continuando a mescolare per evitare grumi, poi la vedo sollevare lo sguardo e sorridendo dice qualcosa soddisfatta.

Rimangono lì a parlottare, direi quasi di aver notato un accenno di sorriso sulle sue labbra, mi domando cosa lo renda tanto contento.

Tutti proseguiamo il nostro lavoro, Connor posa poi la mano sulla spalla di Ingrid che sognante lo guarda iniziare ad aggirarsi tra i banconi.

Un'occhiata alla sfoglia di Tom, una all'impasto della Sacher di Alvin e poi si avvicina al mio piano di lavoro.

Si sofferma a guardarmi riempire l'ennesimo cupcake, poi ne prende uno e lo scruta attentamente.

Lo gira e lo rigira, poi se lo porta alla bocca e lo assaggia.

Lo guardo perplessa.

Accidenti e adesso cos'avrò combinato che non sia di suo gradimento?, mi domando soffermandomi un istante con un nuovo cupcake in mano da farcire.

«La farcitura è insufficiente, la crema di mirtilli si sente appena; come invece sai, i nostri mignon devono avere un cuore morbido a impreziosire il cupcake».

Sposta lo sguardo dal dolcetto al mio viso e aggiunge:

«Non fare sbavature non vuol dire non farcire, significa saper usare una *sa-à-poche* come si deve e non a casaccio come potresti fare nella cucina della tua abitazione. Rifalli, quelli già preparati puoi portarteli a casa».

Non riesco neppure a replicare qualcosa che sta già andando a mettere vari ingredienti nella moderna *KitchenAid* appena uscita per preparare un nuovo impasto.

Proseguiamo tutti a lavorare, dopo aver farcito svariati mignon passo a glassare delle ciliegie per alcune decorazioni.

Connor sta creando delle rose con la pasta di zucchero modellando ogni petalo con meticolosità.

La giornata trascorre tra nuovi impasti e deliziose mousse, quando poi tutti abbiamo sistemato il nostro banco per andare a casa Ingrid, schiarendosi la voce, annuncia:

«Ragazzi, Connor vorrebbe vederci tutti per parlare di un nuovo progetto, quindi se avete qualcuno a casa che vi sta aspettando ditegli che resterete ancora un po' al lavoro».

Seguiamo Ingrid nell'ampio *open space* e ci sediamo sugli scomodi divanetti di design.

Alvin eccitato mi dice:

«Forse una nuova star ci avrà commissionato l'ennesima American Cake? Potrebbe essere Victoria Beckham? Oh, che emozione!»

Mi volto e sorridendo replico:

«Alvin, immagino che più che Victoria ti piacerebbe vedere e parlare con l'ex capitano della nazionale inglese!»

Lui mi guarda.

«Cara, hai fatto centro».

Connor entra nell'ampia sala e va a sedersi sulla solita poltrona.

Tutti lo guardiamo, si passa una mano sul mento dove affiora un lieve accenno di barba, poi sollevando lo sguardo inizia a dire:

«Non ho intenzione di essere prolisso, volevo solo dirvi che la *Luxury Cakes* è stata scelta per il party di nozze di una famosa attrice americana. È un lavoro importante e io come potrete immaginare dovrò trasferirmi nella location del matrimonio. Ovviamente non andrò da solo, con me verrà Ingrid. Tranquilli, non ho intenzione di concedervi delle ferie, lavorerete come al solito e io vi seguirò come sempre, anche se a distanza».

Prende un sorso di quello che immagino sia uno spritz. Poi aggiunge:

«Alvin?»

Il mio amico si alza.

«Mi dica, maestro».

Connor lo guarda.

«Sarai tu ad avere il comando della *Luxury Cakes*, per te è un'opportunità di spessore».

Alvin emozionato sta quasi per abbracciarlo.

«Grazie, grazie davvero maestro non deluderò le sue aspettative».

Connor lo guarda prendendo un altro sorso del suo cocktail.

«Me lo auguro».

Poi, aggiunge:

«Avete domande?»

Nessuno replica.

«Bene, potete andare, buona serata a tutti», dice alzandosi e chiudendo la porta del suo studio alle spalle.

Alvin con un sorriso stampato sulle labbra si avvicina all'orecchio di Ingrid:

«Ma dov'è che andrete? Immagino che non si tratti di Londra».

Ingrid lo guarda.

«L'evento si svolgerà in un remoto paesino della Scozia. La coppia ha preso in affitto dal National Trust un castello per il loro matrimonio».

«Accipicchia, un castello?», esclamo io.

«Sì, e voi mi raccomando, rigate dritto!»

Restiamo ancora un po' a parlare, Ingrid ha preparato per Alvin alcuni appunti da seguire meticolosamente e per ogni inconveniente ci ha dato il suo numero di cellulare.

«Ragazzi, abbiamo lavorato tutti parecchio, andiamo a rilassarci un po'. Buona serata a tutti», ci saluta Ingrid.

Vado a mettermi i miei jeans e con il mio zainetto a fiori di *Cath Kidston*, mi incammino verso la Metro.

Si è alzato un leggero venticello, mi stringo nel morbido cardigan osservando le vetrine dei negozi.

Le strade pullulano di turisti alle prese con l'ennesimo selfie da postare sui social e alcuni si godono la giornata particolarmente piacevole gustandosi un thè seduti nel parco tinto con i suoi nuovi colori autunnali.

Salgo sulla Metro, assorta nei miei pensieri, immagino che Ingrid sia molto contenta di passare del tempo con Connor, lui e lei da soli a lavorare in un romantico castello in Scozia. Magari potrebbe anche scattare una scintilla tra i due, forse l'amore potrebbe sciogliere un po' il gelido cuore del cake designer.

Quando entro in casa sono davvero esausta, metto il pigiama, prendo un bicchiere di vino e il nuovo romanzo di mia sorella. Stasera voglio rilassarmi.

Trascorro la serata leggendo il libro di Peggy. Devo proprio ammettere che da quando si è innamorata di Spencer e si è trasferita a Porthcurno per stare con lui in quel delizioso cottage sulla spiaggia, i suoi libri sono ancora più romantici e divertenti.

Penso proprio che appena avrò qualche giorno di vacanza dal lavoro andrò in Cornovaglia a trovarli. Avrei proprio voglia di rilassarmi un po' seduta sul comodo dondolo nel giardino del B&B di mio cognato assaporando un bicchiere di Chardonnay.

Vado in cucina a mangiare qualche cookies al cioccolato, mi faccio un infuso e vado a letto.

Stamattina per andare al lavoro ho avuto la "meravigliosa" idea di prendere il bus senza considerare i lavori che stanno facendo per strada all'altezza di *Marble Arch*.

Ovviamente sono dovuta scendere e proseguire correndo come una pazza per tutto il tragitto. Quando arrivo ho il viso arrossato e i capelli scompigliati come se avessi fatto ore di palestra però sono addirittura in anticipo.

Mi soffermo a respirare per qualche istante davanti all'elegante palazzo nei pressi dell'*AeV Museum*, sto entrando quando sento un tonfo.

Mi volto, un taxi ha investito qualcuno che stava attraversando, non riesco a vedere di chi si tratti, già diverse persone stanno correndo a dare una mano al malcapitato.

Il conducente del taxi scende visibilmente agitato, lo sento ripetere che non aveva assolutamente visto la ragazza in bicicletta che stava uscendo dal parco per attraversare.

Qualcuno deve avere chiamato i soccorsi, sembrerebbe che la ragazza abbia soltanto svariate contusioni.

Sto entrando quando vedo qualcuno raccogliere da terra la borsetta della giovane: una tracolla grigia a pois rosa di *Dior* che immediatamente riconosco.

Non può che essere sua, nessuno oltre a lei ha quella borsa, mi ricordo che le chiesi dove l'avesse presa perché volevo regalarla a mia sorella e lei mi raccontò che l'aveva comprata anni addietro a Glasgow e che adesso era introvabile.

Subito attraverso la strada e la vedo, si tiene la mano sulla spalla. Ha diversi graffi sul viso e sta ascoltando un uomo dall'aspetto rassicurante che le sta parlando.

«Fatemi passare, quella ragazza è una mia amica», dico facendomi spazio tra i passanti.

«Accidenti Ingrid che hai fatto?»

2

Ingrid mi guarda.

«Oh Lucy, tranquilla non penso sia niente di particolare sono tutta intera. Sono solo un po' ammaccata».

Poi aggiunge:

«Dovresti chiamare Connor, non penso proprio che stamattina riuscirò a preparare quella Sacher per il party».

«Non preoccuparti, al lavoro ci pensiamo noi».

Mi giro, l'uomo che ci sta guardando continua a tenere la mano di Ingrid.

«È una sua amica?», mi chiede.

«Sì, siamo colleghe, lavoriamo proprio in quel palazzo», gli dico indicando l'edificio dietro di me.

Ingrid con voce un po' dolorante aggiunge:

«Lavoriamo per la *Luxury Cakes*. Siamo aspiranti cake designer».

L'uomo la guarda sorridendo, avrà una quarantina d'anni forse qualcosa meno.

È alto, fisico atletico, capelli castani e occhi azzurri.

«Decisamente un lavoro allettante. Io invece sono un fisioterapista, posso?», chiede allungando la mano sulla spalla di Ingrid.

Lei annuisce.

Appena posa la mano sulla spalla, la mia amica grida.

«Come immaginavo. Penso proprio che cadendo abbia lesionato la capsula articolare. Poteva fratturarsi una clavicola, o altro; ha fatto una caduta da manuale».

L'auto dei soccorsi si ferma intasando la strada già congestionata dal traffico mattutino.

Una donna e un ragazzo si avvicinano, sollevano Ingrid e la fanno distendere su una barella.

«Lucy, mi raccomando di' a Connor che non penso proprio di riuscire a venire al lavoro».

Poi rivolta all'uomo aggiunge:

«Grazie davvero, per essere stato tanto gentile e cortese».

Le sorride.

«Di nulla. Chiunque lo avrebbe fatto. Io sono Derek. Si rimetta e stia più attenta quando attraversa la strada».

Ingrid gli sorride.

Guardo il piccolo Van partire quando sento suonare il mio cellulare.

È Connor e io sono in ritardo.

«Cosa cavolo sta succedendo? Lo sai che non ammetto ritardi, dovresti essere qua da un pezzo».

Poi, aggiunge:

«Stamattina tutti fate ciò che vi pare, neppure Ingrid è qui».

Prima che continui con la sua ramanzina, intervengo:

«Ingrid è stata investita, ero con lei. Sto entrando, un istante che arrivo».

Subito mi domanda:

«Investita? Su, forza, dimmi cos'è accaduto».

«Sto salendo», gli rispondo io prima di riattaccare.

Faccio le scale di corsa, noto subito che la porta è aperta e Connor mi sta guardando nervoso.

«Buongiorno», dico io entrando.

«Allora?», mi incalza lui.

Mi tolgo il cardigan e inizio a dire:

«Stavo entrando nel palazzo quando ho sentito un tonfo. Inizialmente non avevo capito che si trattasse di Ingrid ma poi ho riconosciuto la sua borsetta e mi sono avvicinata. Era in bicicletta, stava uscendo dal parco per attraversare quando un taxi non vedendola l'ha investita».

Nel frattempo anche Alvin e Tom sono venuti ad ascoltare il mio resoconto.

«Sembrerebbe che non si sia rotta niente, un fisioterapista che passava di lì per caso e l'ha soccorsa ha detto che potrebbe essersi lesionata la capsula articolare della spalla».

Connor sbuffando si porta una mano sul viso.

«Questa proprio non ci voleva, immagino che anche se non si tratta di una frattura non potrà lavorare per un po'. Accidenti, questo è davvero un fastidioso inconveniente».

"Fastidioso inconveniente"? Ingrid viene investita e lui riduce tutto a un "fastidioso inconveniente"?

Infuriata non posso che dire:

«Ma si rende conto di ciò che dice? La sua assistente viene investita e l'unica cosa che la preoccupa è che non potrà lavorare? Ingrid non pensava alla sua spalla dolorante ma si premurava che io le dicessi che non sarebbe potuta venire al lavoro per preparare quella fottuta Sacher. Mi chiedo se lei a differenza di Ingrid abbia un cuore!»

Tutti mi guardano, Alvin sembra addirittura sull'orlo di una crisi di nervi.

Per un attimo anche Connor non dice nulla, poi si avvicina e con sguardo arrabbiato grida:

«Non permetterti di rivolgerti al sottoscritto in questa maniera. Tu sei solo una bambina, che ne sai degli impegni che abbiamo e di come si organizza questo lavoro? Ingrid è una preziosa collaboratrice e se non potrà lavorare è indubbio che mi creerà dei guai proprio adesso che dobbiamo partire per quel progetto».

Continua a fissarmi.

«Per adesso ci passerò sopra ma guarda che una cosa del genere non si ripeta altrimenti quella è la porta, cara signorina Cennevan».

Si volta e sbattendo la porta si chiude nel suo studio.

Alvin si avvicina.

«Lucy ma sei completamente pazza? Non dovevi parlargli in quella maniera, lo so che spesso è odioso e anche molto arrogante ma è il nostro capo».

«Alvin, mi spiace ma proprio non ci ho visto dalla collera. Non faceva altro che pensare al lavoro», gli dico io prendendo la mia casacca color pistacchio.

«Dai, mettiamoci al lavoro dovremo pensare noi alla Sacher di Ingrid. E poi guarda il lato positivo, a quanto pare conosce il tuo nome!», replica lui mettendomi una mano sulla spalla.

Per tutta la mattina abbiamo lavorato senza un solo istante di pausa per riuscire a preparare tutte le ordinazioni.

Dopo il nostro "scambio di opinioni" Connor è ancora chiuso nel suo studio, è uscito solamente per dare un'occhiata alla Sacher.

Siamo ancora alle prese con alcuni dolcetti, nonostante l'orario di lavoro sia già passato da un pezzo, quando sentiamo dei rumori provenire dall'ampio *open space*.

Mi pare quasi di aver sentito parlare Ingrid.

«Ragazzi, ho le traveggole o quella che sta parlando è proprio Ingrid?», chiedo smettendo di farcire l'ennesimo macaron alla papaya.

Alvin e Tom mi seguono nella sala riunioni dove, seduta sul divanetto con un cerotto sul mento e un grossa fasciatura alla spalla, Ingrid sta parlando con Connor.

«Ingrid! Come sta la tua spalla?», le chiedo io.

«Oh Lucy, sono tutta intera. Soltanto qualche livido e proprio come aveva detto Derek è la capsula articolare della spalla che è contusa. Non potrò lavorare per un po', devo portare questa scomoda fasciatura e poi fare della fisioterapia».

Con un po' di malinconia aggiunge:

«E ovviamente non potrò accompagnare Connor in Scozia per quel lavoro. Sono passata perché volevo appunto parlare con lui, quindi ragazzi rimettetevi al lavoro».

Poi mi dice:

«Lucy, grazie, sei stata un'amica».

Le sorrido tornando al mio bancone da lavoro.

Esausta sto per uscire con i miei simpatici colleghi dall'elegante attico per andare a bere qualcosa, quando Connor ci invita a seguirlo nel suo studio.

Ingrid è seduta alla moderna scrivania.

«Allora ragazzi, come sapete Ingrid non potrà lavorare per un po' per la sua spalla ma vorrebbe però darci lo stesso una mano.

Lei vi seguirà nella preparazione e decorazione delle torte ma non potendo muovere la spalla sarai tu Alvin a fare il mio lavoro quando andrò in Scozia.

Inizialmente avrei voluto portare Tom con me ma, avendo una certa esperienza anche con il cake design, Ingrid mi ha suggerito di farlo restare qua con Alvin quindi Lucy Cennevan verrai tu con me».

Per un istante nessuno dice niente.

Poi è Ingrid a dire:

«Allora ragazzi non siete contenti? Mi pare che questo sia un grande compromesso: Alvin e Tom proseguirete il lavoro qua a Londra invece tu Lucy accompagnerai Connor in Scozia! Dovremmo essere tutti molto contenti e soddisfatti».

Poi sorridendo aggiunge:

«Ragazzi io adesso vado a casa, sono davvero esausta».

Connor subito le dice:

«No, aspettami che ti accompagno io in auto, non puoi certo andare con la Metro».

Poi si volta e mi dice:

«Prenditi qualche giorno di ferie, già questo fine settimana dobbiamo essere al castello. Ti invierò i dettagli tramite e-mail».

Perplessa non dico niente e mi limito a guardarlo uscire insieme a Ingrid.

Sto camminando con Alvin e Tom per Kensington Gardens, si è alzato un certo venticello che preannuncia pioggia.

«Ma non sei emozionata? Andrai con il maestro in Scozia! Tu e lui da soli, già immagino che potrebbe scoppiare la passione tra voi!», dice ridendo Alvin.

Lo guardo in cagnesco.

«Sai cosa penso, invece? Che l'unica cosa che potrebbe accadere è che litighiamo e lui mi rispedisce a casa e mi caccia dal lavoro. Io e lui proprio siamo gli opposti e ci detestiamo, se non fosse stata Ingrid ad avermi assunta, lui non mi avrebbe mai preso in pasticceria».

Poi aggiungo:

«Tu, Alvin, guardi troppe commedie americane sdolcinate!»

Tom e Alvin continuano a parlare, io invece penso che avrei preferito di gran lunga restare qua e non andare in un remoto paese delle Highlands per preparare il matrimonio di una celebrità, soprattutto in compagnia di Connor O'Reel.

All'uscita del parco i miei colleghi mi abbracciano augurandomi una piacevole vacanza di lavoro senza dimenticare di fare qualche allusione.

«Divertiti tesoro, buon lavoro».

«Buon lavoro ragazzi, spero di riuscire a non litigare con il capo in questo nostro soggiorno scozzese».

Mi stringono ancora in un abbraccio e poi mi incammino a casa.

Accidenti, non ho nessuna voglia di andare in Scozia!, penso tra me salendo le scale del piccolo palazzo dove abito.

Dopo una doccia rilassante decido di gustarmi un'omelette con un bicchiere di vino guardando un episodio della mia serie TV preferita.

Sto per andare a letto quando do uno sguardo alla casella di posta elettronica: alcune e-mail da cestinare e poi vedo quella di Connor in cui mi ha allegato il biglietto elettronico per Inverness.

Mi soffermo un istante a riflettere: praticamente il volo è per questo weekend e non so neppure quando rientreremo a Londra, non ha avuto nemmeno la premura di dirmi quando torneremo in pasticceria.

Innervosita non riesco a prendere sonno, è davvero un villano.

Non so proprio come potrò riuscire a sopportarlo e poi… lavorare sola con lui, mah! Spero di non discutere ancora.

3

Sono seduta sul taxi che mi sta accompagnando all'aeroporto, sta piovendo e considerato che non amo volare, avrei preferito una mite giornata autunnale con qualche flebile raggio di sole.

Guardo lo smartphone, forse potrei riuscire ad arrivare in orario nonostante il traffico.

Quando il taxi si ferma in prossimità dell'ingresso per le partenze nazionali vedo già Connor che nervosamente osserva il tabellone, mi auguro soltanto che sia tranquillo e che non abbia già voglia di intavolare una discussione.

«Tenga pure il resto», dico io prendendo la shopper e il trolley con Mrs Bric e Chicco della Bella e la Bestia.

Appena mi vede mi scruta da capo a piedi per poi soffermarsi a guardare la mia valigia Disney, di cui vado molto fiera, acquistata anni addietro al Disney Store di *Covent Garden*.

«Buongiorno Lucy, iniziavo a pensare che non avessi sentito la sveglia», mi dice lui incamminandosi al Check in.

«No, con la pioggia la strada è sempre caotica», gli rispondo seguendolo a passo spedito.

Indubbiamente siamo molto diversi anche per i nostri outfit: jeans, camicia Oxford con pullover, giubbotto casual e sneakers per lui; jeans, felpa rosa shocking, Converse del medesimo colore appariscente per me.

Al Check in la donna che guarda le nostre carte d'imbarco esclama:

«Prima di guardare i vostri documenti pensavo che la signorina fosse sua figlia, sembra una ragazzina».

Sorrido ridendo sotto i baffi:

Beccati questa Connor!, penso tra me.

«Buon viaggio», ci dice la signora prendendo il documento di un altro ragazzo.

Giungiamo nell'area per la sicurezza aeroportuale, quando sono io a passare tutto si mette a suonare.

«Signorina ha con sé oggetti contundenti?», mi domanda l'addetta alla sicurezza.

«Oggetti contundenti?», ripeto io.

«Ovvio che no».

Connor osserva innervosito la scena.

La donna avvicina un metal detector che prontamente si mette a suonare.

«Può togliersi la felpa, per favore?»

Prende la maglia, nessun suono. Poi appena me lo avvicina riinizia a suonare.

Mi volto a guardare Connor, si sta passando la mano sul mento.

«Signorina dovrebbe seguirmi, dobbiamo capire cosa fa scattare l'allarme», mi dice la donna.

Connor si avvicina spazientito.

«Possibile che continui a far suonare quell'affare? Cosa cavolo ti sei messa stamattina».

Poi, provo a dire:

«Signora mi scusi pensa che potrebbe essere questo a far azionare il metal detector?», dico sollevando la maglietta scoprendo un piccolo piercing all'ombelico.

«Oh certo, adesso si spiega tutto!»

Riprendo la felpa e a passo sostenuto ci dirigiamo alla partenza.

Il mio capo non dice nulla, sembra ancora nervoso.

Sospira.

«Dato che dovremo lavorare fianco a fianco puoi darmi del "tu" e tralasciare i formalismi».

Spalanco gli occhi annuendo con la testa.

L'imbarco è già aperto, cortesemente un'hostess ci mostra dove sederci.

Sistemiamo i bagagli, poi Connor si mette a leggere un libro; io prendo gli auricolari per poter ascoltare della musica.

I motori iniziano a rullare, poi lentamente iniziamo a prendere quota.

Sta piovendo, osservo la campagna circostante diventare sempre più piccola.

Come sempre, quando salgo su un aereo, sono in ansia, soprattutto nel decollo; mi volto a osservare il mio datore di lavoro che pare non prestare attenzione al nostro volo.

Poi, sono io a dire:

«È da parecchio che non torno in Scozia, ci trascorsi una piacevole vacanza qualche anno addietro con la mia famiglia. È davvero un paese incantevole con paesaggi da cartolina».

Lui, senza alzare lo sguardo dal suo thriller mi dice:

«Sì, paese davvero delizioso».

A quanto pare non ha assolutamente intenzione di parlarmi, è davvero un individuo scontroso e poco socievole, perlomeno con me.

Il volo da Londra a Inverness è tranquillo e nonostante il temporale che imperversava sulla City al decollo, non troviamo altre perturbazioni ed anzi, quando arriviamo sulla capitale delle Highlands è una mite e soleggiata giornata.

Prendiamo i nostri trolley e lentamente scendiamo dall'aeromobile.

Le temperature qua sono assai differenti, sembra già un clima invernale, e la mia leggera giacca in tweed non riscalda abbastanza.

«Accidenti, avrei dovuto guardare le previsioni metereologiche per fare la valigia, sembra inverno!», esclamo dimenticandomi che il mio compagno di viaggio non è affatto loquace.

Si volta appena per dire:

«Siamo nell'estremo nord del paese, non potevi pensare di trovare lo stesso clima di Londra».

Poi, aggiunge:

«Di certo non troveremo neanche lo stesso inquinamento».

Lo seguo a passo svelto per l'aeroporto poco trafficato, spero che si fermi un istante alla toelette, non avrei proprio voglia di chiedergli il permesso per andare a fare pipì.

«Prima di noleggiare l'auto e metterci in viaggio, vorrei prendere un espresso. Vuoi qualcosa?», mi chiede entrando nel moderno cafè.

«Mah, io prenderei un cappuccino di soia».

«Cappuccino di soia?», ripete.

«Cerco di limitare i latticini», gli rispondo buttando un'occhiata alla vetrina dei dolci.

«Anche un muffin ai mirtilli», dico poi alla ragazza che ci sta servendo.

Connor si volta.

«Non aspettarti il sapore dei nostri muffin, quelli sono fatti con i grassi idrogenati», mi dice prendendo la tazzina con il suo caffè e andandosi a sedere a un tavolino.

Lo seguo, facendo attenzione a non rovesciare il cappuccino.

«Allora, pensavo di noleggiare una macchina e andare al castello, anche noi dormiremo lì così potremo lavorare con tranquillità anche se dovremo condividere la cucina con lo chef, cosa che non mi piace affatto».

Mangio il muffin che come aveva detto Connor non ha nulla a che vedere con quelli che prepariamo nella nostra pasticceria, ma ero davvero affamata.

«Vado al bagno così poi, quando vuoi, possiamo andare a prendere l'auto», gli dico.

Accidenti, spero solo che in questo nostro viaggio si dimostri almeno cortese e smetta di essere tanto arrogante.

Riusciamo a prendere a noleggio la macchina, una FIAT 500 cabriolet rossa dagli interni poco spaziosi considerata la mole delle nostre valigie.

A quanto pare Connor si è portato dietro tutta la pasticceria!

Prendiamo la A82, la strada non è affatto trafficata rispetto al caos di Londra al quale sono abituata.

Connor guida senza degnarsi di rivolgermi parola.

Sono io a dire:

«Allora, hai già in mente come organizzare il lavoro?»

Lui, senza neanche l'accenno di voltarsi, esclama:

«È ovvio che abbia già un *planning*. Come ti ho detto anche noi avremo una stanza direttamente nel castello e questo ci agevola, però anche lo chef dividerà la cucina con noi. Dovremo essere precisi, meticolosi, ordinati e non potremo concederci errori quindi Lucy, dovrai stare molto attenta a ciò che farai».

«Starò attenta, non preoccuparti».

Continua a guidare, si vedono solo campi con mucche e pecore che tranquille si godono questa splendida giornata d'autunno.

Penso di essermi anche appisolata, quando mi sveglio siamo su una strada ad un'unica corsia che costeggia un lago turchese in cui si riflette la vegetazione circostante.

«Devo essermi addormentata», dico io.

«Sì, hai dormito per un po'. Dovremmo quasi essere arrivati al castello».

Poi mi chiede:

«Conoscevi già *Eilean Donan*? È uno dei castelli più famosi dell'intera Scozia, qua sono stati anche girati innumerevoli film e serie TV».

Accipicchia, vuole instaurare un dialogo!, penso tra me.

«Sì, è in tutte le guide del paese, però non sono mai venuta in questa regione delle Highlands».

Continuiamo su una strada che si inerpica sul promontorio, non troviamo macchine, probabilmente nella bassa stagione non devono esserci molti turisti da queste parti.

Lentamente la strada inizia a scendere e, accipicchia, quello che si vede da qui è davvero incantevole. L'isoletta, su cui appunto vi è il castello che si riflette anch'esso nel lago, è collegata alla costa da un ponte. Adesso capisco perché sia il castello più fotografato dell'intero paese, sembra una cartolina.

«È magnifico!», esclamo.

«Potresti fermare un istante la macchina?», provo a chiedere sperando di non suscitare in lui altro nervosismo.

Senza replicare accosta l'auto e scende prendendo il maglione; anch'io faccio lo stesso.

Mi soffermo a osservare questo magico scenario, quasi surreale direi: la costruzione d'altri tempi con il suo lago e le piante tinte coi colori dell'autunno sembrano usciti da un libro di favole con principesse e cavalieri.

«È un incanto!», dico io sovrappensiero.

«Beh, anche se è strano la pensiamo allo stesso modo. Qui intorno si respira qualcosa di magico».

Rimaniamo qualche istante a osservare il castello con le sue torri, le tegole in ardesia, il ponte ad archi e il suo giardino. Scatto anche alcune foto con lo smartphone, faccio per rientrare in macchina quando voltandomi lo vedo ancora lì a scrutare il paesaggio.

Sembra pensieroso, mi piacerebbe proprio sapere a cosa stia pensando.

«Direi di ripartire, vorrei vedere le cucine per farmi un'idea di come potermi muovere», mi dice passandosi la mano sul mento.

Proseguiamo a scendere, la via passa tra la vegetazione, non mi stupirei se ci attraversasse la strada un cervo o una di quelle buffe mucche rosse tipiche di qua.

Poi il navigatore ci invita a prendere una strada in ciottoli.

La via è stretta, la macchina sobbalza di tanto in tanto quando una ruota incontra qualche pietra; Connor sbuffa spazientito.

Svoltiamo ed ecco che vediamo il ponte che conduce al castello.

Ci soffermiamo appena, poi si volta e prima di aprire la portiera esclama:

«Cerca di non combinare guai».

Lo osservo prendere il trolley e incamminarsi al grande e imponente portone d'epoca.

4

Qui le temperature sono più basse nonostante la giornata sia soleggiata.

Prendo il mio simpatico trolley e lo seguo al portone.

Dopo alcuni istanti la porta si apre, una donna alta e corpulenta che potrebbe tranquillamente mettere KO un pugile professionista ci fa cenno di entrare.

«Buongiorno, benvenuti a *Eilean Donan Castle*. Se non erro voi dovreste essere i cake designers. Io sono Mandy Mac Cullivan, conosco questa dimora come nessun altro. Per qualsiasi cosa chiamatemi», dice incamminandosi su per le scale.

Mi guardo attorno, alle pareti svettano arazzi con stemmi di famiglia. Noi la seguiamo per la scalinata che mi ricorda parecchio quella del castello della *Bella e la Bestia*.

«Le vostre stanze sono nell'ala nord del castello, come pure quella dello chef, che deve ancora arrivare per un ritardo sul volo, dei fotografi e ovviamente delle wedding planners».

Prende dalla tasca due grosse chiavi e apre una porta.

«Ecco questa è una stanza. Nell'armadio avete delle coperte aggiuntive qualora le temperature fossero basse per i vostri gusti».

Poi, prende l'altra chiave.

«Questa è l'altra stanza, sono comunicanti qualora vogliate stare insieme».

Ci guarda e aggiunge:

«La cena è servita nella sala principale alle 8.00 pm. Mi raccomando, non gradiamo ritardi».

La osserviamo sparire per le scale.

«Mi faccio una doccia e poi chiederò alla signora Mac Cullivan di farmi vedere l'area cucina. Ci vediamo a cena».

«Posso venire pure io?», chiedo con un timido sorriso.

«Quando scendo, ti chiamo», mi risponde secco, chiudendosi la porta alle spalle.

Porto il trolley in camera e mi distendo sul letto *king size* che è quasi più grande della mia camera londinese.

Accipicchia Ingrid, dovevi proprio slogarti la spalla?, penso infilandomi sotto la doccia.

Mi sto chiudendo i jeans quando sento bussare alla porta.

Sistemandomi la maglietta vado ad aprire; Connor mi guarda.

«Se vuoi lavorare a questo progetto con me non puoi concederti docce dalla durata superiore ai 5 minuti», mi dice osservando i miei capelli ancora umidi.

Sto per ribattere accigliata quando lui si incammina giù per l'imponente scalinata.

«Allora sai già dov'è la cucina?», chiedo io.

Si volta appena.

«Ovvio che no, dobbiamo chiederlo alla signora Mac Cullivan, anche se trovare qualcuno in questo castello è cosa ardua».

Dall'ampia sala d'ingresso opta per andare in quella che dovrebbe essere l'ala ovest.

Da qui si aprono svariate porte molte delle quali sono chiuse poi, sentendo dei rumori, Connor prova a bussare.

Dopo alcuni istanti la porta si apre.

«Posso esservi utile?», ci chiede la signora Mac Cullivan aggiustandosi il foulard sull'impeccabile abito grigio.

«Potrebbe cortesemente mostrarci la zona cucina? Come può immaginare abbiamo diversi strumenti di lavoro quindi gradirei farmi un'idea su come poterci organizzare».

«Un istante, stavo parlando con la signorina Chester, la wedding planner».

Dalla stanza esce una ragazza snella, folti capelli castani raccolti in una coda. Porta dei jeans, una t-shirt e delle simpatiche ballerine maculate rosa shocking.

Sorridendo ci dice:

«Piacere, sono Lily Chester, insieme a mia sorella Ellie stiamo lavorando a questo evento».

Connor le stringe la mano:

«Connor O'Reel, il cake designer, e lei è la mia assistente».

Poi aggiunge:

«Sei la sorella di Ellie? Tua sorella e io ci conosciamo da tempo, abbiamo lavorato insieme a diversi eventi e sono stato io a preparare la torta nuziale al suo matrimonio».

Lily entusiasta esclama:

«Ellie non è ancora arrivata, è ancora a Londra con la piccola Chloe e Arvy».

Timidamente intervengo:

«Piacere, io sono Lucy Cennevan».

La ragazza mi guarda.

«Cennevan, hai detto?»

«Sì, Lucy Cennevan», ribadisco io.

Con uno slancio d'entusiasmo afferma:

«Allora devi essere la sorella di Peggy, la scrittrice».

Sorridendo, le dico:

«Sì, Peggy è proprio mia sorella».

«Che buffo, ho conosciuto tua sorella la scorsa primavera quando era a Porthcurno, quel delizioso paesino in Cornovaglia, a lavorare al suo nuovo romanzo».

La signora Mac Cullivan un po' innervosita interviene:

«Scusate, mi dispiace interrompere questo tenero siparietto ma adesso vorrei farvi vedere la cucina, come immaginerete le cose da fare qua sono molte».

«Sì, andate pure tanto ci vediamo a cena».

Connor mi guarda.

«Tua sorella è una scrittrice?», mi chiede perplesso.

«Sì, ed è anche piuttosto apprezzata. Riesce sempre a entrare nelle classifiche inglesi dei libri più venduti».

Seguiamo la signora Mac Cullivan fino a quella che lei definisce una semplice cucina.

È ampia con grandi piani da lavoro, i fuochi al centro della stanza sono a induzione e anche qui riconosco una moderna *KitchenAid* utile per i nostri impasti.

Connor si aggira nella stanza soffermandosi a osservare il piano da lavoro sul lato opposto ai fuochi.

«Signora Mac Cullivan posso già scegliere la mia postazione di lavoro? Se non ha niente in contrario mi sistemerei proprio qua; l'illuminazione mi pare ottimale per lavorare sulle varie sfumature di colore e poi non posso avere il piano a induzione vicino, il calore potrebbe danneggiare la pasta di zucchero».

La signora Mac Cullivan lo ascolta attentamente.

«Come vuole, per me può sistemare i suoi aggeggi dove preferisce. D'altronde lo chef è in ritardo quindi signor O'Reel può scegliere ciò che più la aggrada».

Mi chiedo quale chef abbiano voluto gli sposi per il loro evento, così provo a chiedere:

«Signora Mac Cullivan sa dirmi quale chef lavorerà in cucina?»

Lei, innervosita e affatto cortese, esclama:

«Mi pare abbiano detto Nick Reginals o qualcosa che gli si avvicina».

Personalmente non lo conosco ma ho sentito parlare di lui, è uno chef inglese trasferitosi poi in California dove ha aperto alcuni ristoranti stellati meta di star hollywoodiane e celebrities. È anche considerato un uomo davvero sexy e le sue *liaison* sentimentali con modelle e attrici fanno vendere parecchie riviste di gossip.

«Se volete iniziare a sistemare le vostre cose in cucina fate pure, la cena è servita alle 8.00 pm nella sala del trono. Mi raccomando qui in Scozia siamo sempre puntuali», chiarisce di nuovo miss Mac Cullivan chiudendosi la pesante porta alle spalle.

Sorridente dico:

«Quindi lavorerà con noi in cucina Nick Reginals, dicono che i suoi piatti siano un sogno».

Connor si volta:

«Non occorre che tu me lo ripeta, l'udito non mi fa difetto», dice innervosito, «vado a prendere alcune cose».

Lo osservo uscire, accipicchia non capisco proprio perché si sia arrabbiato.

Rimango in cucina, mi avvicino alla finestra e mi soffermo a guardare il paesaggio.

Si vede il lago in cui si riflette il castello, le luci al led del giardino e la sua folta vegetazione tinta di colori autunnali. È davvero una location incantevole, inizio a capire perché i futuri sposi abbiano deciso di pronunciare il loro "sì", proprio qua.

«Puoi darmi una mano con questi?», Connor mi distoglie dai miei pensieri.

«Dove preferisci che li metta?», chiedo prendendo dallo scatolone una *sac-à-poche* e alcuni pirottini.

Lui si volta appena e senza neppure guardarmi mi dice:

«Sul mio piano voglio tutto per le decorazioni: dagli spatolini angolati allo smoother».

«Come vuoi», gli rispondo iniziando a lavorare.

Ovviamente non si degna di parlarmi, penso proprio che dovrò farci l'abitudine.

Qualcuno bussa alla porta.

«Scusate, sono venuta a dirvi che la cena è servita. Qui, come ormai avrete intuito, non ammettono ritardi. Qualche giorno fa addirittura andai a letto quasi senza cena, quindi adesso faccio parecchia attenzione agli orari», ci informa Lily sorridendo.

«Grazie, lavorando non abbiamo guardato lo smartphone», dico io.

Ci chiudiamo la porta alle spalle e seguiamo Lily, passiamo da un'ampia sala dove svetta maestoso un caminetto d'epoca.

«Eccoci, preparatevi a un menù tipicamente scozzese e ad avere sempre il bicchiere colmo di vino».

Entriamo nella sala da pranzo, alle pareti dipinti a olio e alcune stampe che ritraggono paesaggi locali. Il tavolo potrebbe tranquillamente essere utilizzato per un banchetto di nozze. Seduti, oltre alla signora Mac Cullivan, anche due ragazzi dall'aspetto stravagante, una donna vestita di tutto punto e un uomo.

Lily sorridente dice ai commensali:

«Buonasera a tutti, loro sono Connor O'Reel e la sua assistente Lucy Cennevan, i cake designers».

Poi voltandosi aggiunge:

«Quei due sono Mat e Camilton i fotografi. Sono davvero simpatici e divertenti; con loro è difficile restare seri».

I due si alzano, Mat è alto e magro, capelli castani alle spalle legati in un codino, occhi verdi.

Porta una t-shirt arancio con un grande orso che alza il dito medio. Non posso fare a meno di sorridere.

Anche Camilton è alto ma a differenza dell'amico sembra il classico giocatore di rugby. Ha i capelli rossi, porta dei buffi occhiali giallo canarino.

«Piacere ragazzi, personalmente sono molto contento di vedere in questo team un'altra ragazza. Ho già provato a invitare Lily per un caffè ma a quanto pare sta per sposarsi e non penso che il suo fidanzato gradirebbe. Anche tu Lucy sei già impegnata?», chiede Mat ridendo.

Lily scuotendo la testa aggiunge:

«Mat, non cominciare con le tue solite avances. Come avrete capito loro sono propri pazzi».

Poi guardando Mat esclama:

«Non importunare le ragazze!»

Camilton aggiunge:

«Non ascoltarlo Lucy, vedrai è un po' pazzo ma molto divertente».

«Quella invece e Mrs Hondy la make-up artist, anche lei è arrivata stamattina».

La donna accenna un fugace sorriso.

«Buonasera ragazzi, avete notato pure voi questo clima umido?»

«Beh, io non ci ho fatto ancora caso», azzardo timidamente.

Lily prosegue:

«Il signore in abito grigio è William Saroche, è a capo dei sevizi di sicurezza. Ovviamente si tratta di un evento blindato, in paese tutti gli alberghi pullulano di paparazzi che faranno a gara per aggiudicarsi uno scatto rubato del matrimonio».

Lily aggiunge:

«Gli sposi arriveranno nel weekend con mia sorella Ellie, sono anche previste svariate cene con amici intimi e familiari. Vedrete, avremo tutti parecchio da lavorare».

Ci sediamo al grande tavolo che potrebbe tranquillamente competere con la tavola rotonda di re Artù. Io sono seduta tra Connor e la signorina Hondy.

Ci viene servito un piatto di carne che dicono essere di cervo. Accidenti, io che sono vegetariana da anni sto quasi per vomitare!

Non mi resta che provare a mangiucchiare almeno un po' di quel pudding di cui ignoro i componenti.

Per tutta la cena la signorina Hondy non fa altro che lamentarsi dell'alto tasso di umidità che non va affatto d'accordo con la tenuta del make up.

Di tanto in tanto Mat richiama l'attenzione con divertenti aneddoti. Tutti ridiamo.

Lily mi spiega anche alcuni dettagli di questo matrimonio; cavolo, immagino proprio che essere una wedding planner non sia per nulla semplice; io potrei impazzire.

Connor invece scambia qualche parola con il signor Saroche tra un caffè e un amaro.

La signorina Mac Cullivan ci invita poi ad andare nelle nostre stanze.

Lily mi guarda.

«Tranquilla, dopo qualche giorno ti abituerai ai loro orari: ci mandano a letto con le galline e ci svegliamo che è sempre notte ma vedrai, dopo un po' apprezzerai questi ritmi».

Sorrido mentre ci incamminiamo su per l'imponente scalinata che conduce nell'ala nord del castello.

«Onestamente, svegliarmi presto mi piace. A Londra, prima di andare al lavoro, cercavo sempre di fare un po' di yoga per caricarmi e immagazzinare energia».

Poi, prendendo la chiave aggiungo:

«Allora, a domani», le dico salendo l'imponente scalinata.

«Buonanotte».

Connor mi guarda.

«Buonanotte e cerca di rispettare gli orari».

Non riesco neppure a rispondergli che è già entrato nella sua stanza.

Uffa, ha proprio un caratteraccio.

5

Era da un sacco che non dormivo così tanto, quando mi sveglio faccio una doccia e raccolti i capelli in una coda di cavallo scendo di sotto.

Il castello sembra deserto e onestamente aggirarmi da sola tra queste stanze un po' mi innervosisce.

Non vedo nessuno, neppure la signorina Mac Cullivan che probabilmente starà già lavorando in un'altra ala del castello; io, un po' timorosa, apro la porta della cucina.

«Buongiorno», mi dice Connor alzando impercettibilmente lo sguardo dal suo lavoro in pasta di zucchero.

«Buongiorno, che posso fare?», chiedo mettendomi la casacca che avevo riposto sullo sgabello al mio bancone.

«Stamattina la wedding planner mi ha detto che gli sposi le hanno mandato un messaggio per chiederle di preparare una sorta di cocktail al loro arrivo al castello. Vorrebbero un ricco buffet di dolci con ninfee come decorazioni. Quindi Lucy mettiamoci al lavoro, se lo avessimo saputo avremmo potuto fare tutto con tranquillità ma a quanto pare dovremo fare l'abitudine a questi capricci vip».

Mi avvicino, osservo le sue mani che con abilità intagliano la pasta di zucchero, lui solleva lo sguardo.

«Su, dai, inizia a preparare della frolla e poi passa alla ganache di cioccolata. Dovremo lavorare parecchio».

Decido di utilizzare la tecnica della sabbiatura per la pasta frolla; metto quindi la farina e il burro nella sofisticata *KitchenAid*. Aggiungo poi lo zucchero a velo e le uova già leggermente sbattute e la scorza del limone facendo attenzione a non mettere la parte bianca perché amara. Questo trucchetto me lo insegnò Ingrid appena cominciai a lavorare per Connor.

Quando l'impasto è amalgamato lo metto a riposare nella pellicola.

Passo alla ganache di cioccolato.

Di tanto in tanto sollevo lo sguardo dal mio lavoro e mi ritrovo a osservare Connor che con attenzione e abilità continua a modellare delle ninfee sui toni del rosa.

«Che hai Lucy? Non possiamo fare pause, lo sai! Odio ritrovarmi a lavorare con questa fretta. Devo avere il controllo su tutto e assecondare i capricci di questi attori non mi piace affatto».

«Scusa, mi rimetto a preparare la ganache», dico con le guance arrossate un po' in imbarazzo.

Lavoriamo per tutta la mattina senza concederci una pausa neanche quando la signorina Mac Cullivan ci invita a seguirla nel salottino che si affaccia sul giardino sul retro per la colazione.

Inizio ad avere fame, anzi direi proprio che considerata l'ora, ho una fame pazzesca e il mio stomaco inizia a borbottare.

«Lucy potresti darmi una mano?»

Mi avvicino, sta farcendo la base di pan di spagna con una delicata crema chantilly ai mirtilli.

Solleva appena lo sguardo.

«Passami la sac-à-poche e poi inizia a stendere la pasta di zucchero».

«Ecco», per un istante la sua mano sfiora impercettibilmente la mia quando gli passo ciò che mi ha chiesto.

«Dovresti andare a mangiare qualcosa, non è salutare saltare i pasti», fa una piccola pausa e all'ennesimo gorgoglio del mio stomaco aggiunge:

«Senti quanto sta brontolando? Dai, vai a sentire la signorina Mac Cullivan se in questo maniero ci è riservato almeno qualcosa per pranzo!»

«No, non preoccuparti, neanche tu hai mangiato e stai continuando a lavorare», replico io.

Per un attimo mi guarda fisso negli occhi, poi si avvicina e con perizia mi scioglie il grembiule e lo mette sul bancone.

«Andiamo a mangiare qualcosa. Non posso rischiare che la mia assistente abbia un calo di zuccheri considerato il lavoro che facciamo. Sarebbe il colmo», dice togliendosi la casacca.

Un po' perplessa lo seguo, penso che da quando lavoro per lui non si era mai dimostrato minimamente cortese nei miei riguardi, mai fino a qualche istante fa.

«Ehi, pensavo di vedervi a colazione!»

Ci voltiamo e scorgiamo Mat con una reflex in mano che sorridente si avvicina.

Connor un po' scocciato gli risponde:

«Dovevamo lavorare. Piuttosto, hai idea se è possibile mangiare qualcosa per pranzo?»

«Mi spiace ma per pranzo c'è solo una sorta di buffet salato e, detto tra noi, non è affatto appetitoso».

«Mat ma che dici? Tu mangeresti anche i tavoli», dice Camilton uscendo da quella che mi pare ricordare sia la biblioteca.

«Piuttosto vieni a darmi una mano con le luci, non mi piacciono ancora e soprattutto smetti di infastidire Lucy».

Mat mi guarda e sfiorandomi la spalla sussurra:

«Il dovere mi chiama, spero che riusciate a trovare qualcosa di commestibile».

Poi avvicinandosi esclama:

«Buon lavoro, *ma chéri*».

Sento le guance arrossarsi.

Connor sbuffando dice:

«Quel ragazzo è davvero irritante».

Riusciamo a trovare il modesto buffet a cui accennava Mat: solo qualche panino, dei piccoli toast e alcuni spiedini di ananas, carote e gelatina al cioccolato.

Usciamo in giardino, è una giornata mite adesso.

Il sole riesce a riscaldarmi le guance, si respira il profumo delle piante. Ci sediamo a un tavolino che si specchia nel lago e assaporo il toast che a differenza di quanto immaginavo non è affatto insipido.

«È una location incantevole per preparare un matrimonio», esclamo continuando a guardare le piante che si riflettono in questo specchio d'acqua cristallina.

«Indubbiamente è suggestiva, anche se continuo a pensare che i matrimoni siano solo un errore».

Mi volto, dovevo immaginare che la pensasse in questo modo.

«Allora, hai detto che tua sorella è una scrittrice? Onestamente non mi ero mai imbattuto in autori di romanzi, si dice che siano un po' stravaganti».

Sorrido.

«Peggy più che stravagante, direi che è cocciuta; probabilmente non conosci nessuno dei sui libri, scrive romanzi rosa: quelle dolci e divertenti commedie romantiche che fanno sognare o come si definiscono adesso *chick lit*».

Vedo una sorta di sorriso sulle sue labbra.

«Allora l'essere cocciuta dev'essere una caratteristica di famiglia! Piuttosto io rientro, tu però riposati ancora un po'», dice alzandosi.

Lo osservo aprire la porta a battenti e scomparire nell'ampia sala.

Non avevo mai parlato con lui di cose che non fossero strettamente legate al lavoro, spero che non ritorni a essere scontroso e arrogante perché preferisco di gran lunga il Connor di qualche istante fa.

Resto ancora un po' ad assaporare questa mite giornata autunnale, socchiudo gli occhi e mi lascio cullare soltanto dal rumore della natura e dal cinguettio di qualche merlo.

La porta della cucina è socchiusa, sto per entrare quando sento Connor canticchiare qualcosa, cerco di affinare l'orecchio e sì, mi pare proprio che stia intonando *How to Save a Life.*

Aspetto un attimo e poi entro.

«Cosa preferisci che faccia?»

Sposta appena lo sguardo dall'ennesima ninfea con cui sta attentamente ornando il pan di spagna e per un istante i nostri occhi si trovano.

Accidenti i suoi occhi verdi sono così intensi che mi sento in imbarazzo.

«Potresti proseguire con quei mini cupcakes, prepara l'*icing*, mi raccomando tutto sui toni del rosa, mi piacerebbe se tu riuscissi a fare qualcosa di sfumato».

«Mi metto subito al lavoro», gli rispondo cominciando a montare l'albume dell'uovo con lo zucchero a velo per fare una *Royal icing* da alternare alla *Cream Cheese*.

Aggiungo a poco a poco il colorante per cercare di ottenere la sfumatura richiesta da Connor e devo proprio ammettere che sto facendo un lavoro davvero meticoloso.

Cambio la punta della *sac-à-poche* e comincio a mettere la glassa sui cupcakes quando sento la mano di Connor sulla mia.

È alle mie spalle, leggermente proteso verso di me, riesco a percepire il calore del suo petto sulla mia schiena, un braccio appoggiato al bancone e l'altro sopra al mio. La sua mano muove la mia facendole compiere dei piccoli movimenti circolari.

«Ecco, tenendo la *sac-à-poche* leggermente inclinata in questa maniera è più semplice fare un *icing* impeccabile», mi dice praticamente sulla guancia.

Riesco a sentire il suo profumo, probabilmente un'acqua di colonia agrumata.

Non riesco a dire nulla, mi limito a seguire la sua mano che continua a far muovere la mia.

Poi si sposta, prende delle praline colorate e me le porge.

«Mettine alcune sulla glassa».

Torna poi al suo banco, io proseguo il mio lavoro, con il cuore in subbuglio, inclinando la *sac-à-poche* proprio come mi ha fatto vedere lui.

Non era mai capitato che Connor si prendesse una qualsivoglia confidenza, a Londra non si era neppure mai avvicinato al mio banco se non per rimproverarmi e mai mi aveva sfiorata.

Forse perché là era Ingrid a correggerci, insegnandoci tecniche nuove e precise. A tratti non sembra nemmeno lo stesso: un attimo prima è scontroso e irritante e poi invece diventa quasi cortese.

Sentiamo del trambusto, qualcuno che parla, una risata, altre parole.

Sollevo lo sguardo dall'ennesimo mignon e perplessa domando:

«E adesso che combinano di là?»

«Non ne ho idea e onestamente non mi interessa, ho sentito che doveva passare il fiorista e anche la ditta per le decorazioni», mi risponde di rimando senza smettere il suo lavoro.

Torno ai miei cupcakes quando la porta si apre: la signorina Mac Cullivan spazientita entra in cucina insieme a un uomo seguito da una donna e un ragazzo.

E questi cosa ci fanno qua?, mi chiedo.

Mi volto e vedo Connor che li osserva borbottando qualcosa tra sé.

Mi soffermo un istante a studiarli ed ecco che lo riconosco: l'uomo, camicia leggermente aperta, pullover sulle spalle, jeans skinny e sneakers griffate, che potrebbe tranquillamente fare la pubblicità in qualche rivista patinata di moda, è Nick Reginals, lo chef stellato che lavorerà con noi in cucina.

«Scusate se vi interrompo, ma come potete vedere dovrei far visionare la cucina al signor Reginals e ai suoi collaboratori», ci dice scocciata miss Mac Cullivan.

Nick passa lo sguardo da me a Connor e sorridendo esclama:

«Oh, era da tempo che non dividevamo la cucina, so che nella City adesso sei piuttosto richiesto; io come saprai lavoro sulla West Coast, non tolleravo oltremodo il clima perennemente grigio di Londra».

Poi aggiunge:

«Non immaginavo proprio che ci saremmo ritrovati a lavorare insieme».

Connor puntualizza:

«Non stiamo lavorando insieme, stiamo solamente dividendo la stessa cucina».

«A quanto vedo O'Reel hai mantenuto lo stesso caratteraccio di allora».

Poi sposta lo sguardo sul mio viso.

«Vedo che hai una collaboratrice».

Connor senza smettere di lavorare e senza degnarlo di uno sguardo dice:

«Lei è Lucy Cennevan, la mia assistente. Adesso scusa, ma ho parecchio da fare».

«Piacere Lucy, come immagino saprai io sono Nick, la mia fama mi precede! Adesso vado a farmi una doccia, ci vediamo a cena ragazzi».

Nick si sofferma a guardare il piano a induzione e poi segue miss Mac Cullivan su per le scale con i suoi collaboratori.

Connor nervoso prende la ganache che ho preparato.

«Proprio non lo sopporto quello strafottente, se prima era montato adesso crede di essere una star. Mi chiedo se dovevamo trovare proprio lui a lavorare a questo matrimonio».

Non dico niente, da quanto ho intuito lui e Nick devono conoscersi da un bel po' e devono nutrire una certa antipatia; mi piacerebbe sapere perché.

Ovviamente non chiedo niente a Connor ma mi limito ad annuire, anche se devo ammettere che Nick Reginals è proprio affascinante e, contrariamente a Connor, sembra anche cortese e loquace.

Proseguiamo a lavorare, Connor non mi rivolge parola se non per chiedermi una spatola, un pirottino o lo smoother.

Sono esausta è da stamattina che lavoriamo come dei pazzi, Connor dà un'occhiata al moderno smartphone e inizia poi a sistemare il suo bancone.

«Lucy, hai fatto un discreto lavoro. Vatti a riposare un po'».

Sorrido.

«Grazie, spero di essere riuscita a darti una mano», gli rispondo pulendo le fruste della *KitchenAid*.

Non dice niente ma mi pare di aver intravisto un sorriso.

In camera mi lascio cadere sul letto esausta, vorrei proprio passare la serata leggendo in compagnia di qualche delizioso cookies al cioccolato e miglio e di una tazza di thè.

Prima di fare la doccia accendo una *Yankee Candle* alla lavanda che mi sono portata da casa e mi dedico a qualche esercizio di yoga per distendere e rilassare i muscoli dopo un'intera giornata di lavoro.

Fatta la doccia mi sento come se mi fossi appena svegliata, carica di energia.

Controllo l'ora, sono in orario, dopo aver indossato dei leggings con un cardigan arancio pastello comprato ai saldi lo scorso anno, posso anche concedermi di mettermi il gloss e il mascara.

Aspetto ancora qualche istante e poi esco; mi soffermo davanti alla porta della stanza di Connor indecisa se bussare oppure scendere di sotto.

Sto per allungare la mano quando la porta si apre.

«Ehi, e tu che ci fai qui?», mi chiede lui.

Arrossendo rispondo:

«Stavo proprio per chiamarti. Non sapevo se fossi già sceso per cena».

Ci incamminiamo giù per l'imponente scalinata, dal piano di sotto si sentono delle risate; Connor voltandosi appena aggiunge:

«Preferirei saltare la cena, non avrei proprio voglia di dover stare allo stesso tavolo di quell'arrogante e narcisista di uno chef».

Lo guardo, deve essersi appena fatto la barba, si sente l'odore del suo after-shave; indossa un pullover e un jeans, devo ammettere che anche lui è davvero affascinante.

Non so come, ma mi sento dire:

«Non sei costretto a cenare con lui, possiamo sempre prendere la macchina e andare in un qualsivoglia ristorante».

Accidenti Lucy che combini? Praticamente gli hai appena detto di uscire a mangiare qualcosa con te!

Lui si sofferma e mi guarda.

«Vai in camera a prendere una giacca, stasera non mangeremo selvaggina locale».

6

Siamo in macchina, Connor ha detto a Miss Mac Cullivan che non avremmo cenato al castello; lei un po' scocciata si è limitata a darci un codice per aprire il portone perché, come ha tenuto a precisare: «In Scozia ci si ritira nelle proprie stanze dopo cena».

«Allora dove vuoi andare?», mi domanda.

Lo guardo un po' in imbarazzo: non riesco a capire il suo atteggiamento, passa dall'essere cortese e amichevole a scontroso e nervoso.

«Mah, non saprei. Piuttosto, dovremmo guardare su Google qualche ristorante o pizzeria aperta in questa stagione».

Lui si volta, i suoi occhi sono di un verde intenso, immagino che sia semplice farsi catturare dal suo sguardo; poi si protende su di me per prendere dal vano portaoggetti lo smartphone.

«Allora, sembrerebbe che a Dornie ci sia un piccolo ristorante aperto».

Percorriamo una strada immersa nel verde che sale leggermente.

Fossi da sola non oserei addentrarmi in queste vie, penso tra me.

«Ho parlato con Ingrid; stanno lavorando parecchio a Londra, hanno ricevuto molte prenotazioni. Mi ha detto che sta iniziando la fisioterapia alla spalla e ovviamente mi ha chiesto di te».

«Ah, mi fa piacere per la sua spalla, immagino che le sia dispiaciuto non poter esser venuta qua».

Lui seguendo le indicazioni del navigatore si volta appena:

«Ingrid è una cara amica, è una delle poche persone di cui mi fido ma penso che per lei forse sia più semplice essere a Londra, lontano da me».

No so cosa intenda, ma da quanto ha appena detto, sembrerebbe che tra loro le cose siano un po' "particolari". Tutti dicono che Ingrid sia innamorata di lui da tempo e immagino che pure Connor lo sappia.

Entriamo nel paese, tutti i negozi sembrano chiusi, poi vediamo il piccolo ristorante.

Scendiamo dall'auto, mi stringo nella giacca, adesso che si è alzato un vento gelido le temperature devono essersi abbassate parecchio.

Il ristorante è elegante e moderno, solo pochi tavoli e nessun cliente.

Un ragazzo si avvicina.

«Buonasera se volete mangiare potete sedervi dove volete, in questa stagione i turisti sono rari».

Connor opta per un tavolo davanti a un caminetto elettrico che conferisce un aspetto piuttosto intimo alla sala.

Il giovane ci porta il menu ricco di piatti tipicamente scozzesi.

«A quanto pare dovremo mangiare cibo della tradizione locale anche stasera», dico io cercando di intuire gli ingredienti dei vari piatti.

Connor solleva lo sguardo.

«No, possiamo sempre chiedere una pizza accompagnata da una pinta di birra».

Sorrido.

«Vada per la pizza, è da un po' che non la mangio».

Il mio capo fa cenno al ragazzo di raggiungerci.

«Vorremmo delle pizze, una capricciosa per me e tu Lucy?»

«Una margherita con verdure».

«Volete del vino o preferite della birra? Abbiamo *St Andrews Ale*, *Mac Ewan's Export*, *Caledonian Amber Ale*», ci dice soddisfatto il cameriere.

«Io prendo una *Caledonian* e tu Lucy?»

«Non sono esperta prendo quello che prendi tu».

Il ragazzo scrive tutto sul piccolo tablet e si dirige in quella che immagino sia la cucina.

Per qualche istante nessuno dice niente poi mi chiede:

«Allora Lucy, dimmi qualcosa di te, praticamente non so niente se non che hai una sorella che di lavoro scrive romanzi rosa e che è anche piuttosto apprezzata».

Sento le guance arrossarsi, non immaginavo proprio che volesse sapere qualcosa riguardo la sottoscritta.

Un po' in imbarazzo inizio a dire:

«Beh, immagino che non ci sia molto da raccontare. Come hai detto tu, ho una sorella, Peggy, che fa la scrittrice e che adesso abita a Porthcurno in Cornovaglia con il suo fidanzato che gestisce un delizioso B&B che si affaccia sulla spiaggia e aspettano un bambino».

Il ragazzo torna con le nostre pinte.

Connor mi guarda da sopra il bicchiere.

«A quanto pare lo stai facendo ancora: mi stai parlando di tua sorella, ma io voglio sapere qualcosa di te».

Assaggio la birra, anche se io non sono esperta si percepisce un sapore differente da quelle che raramente bevo a Londra.

Riprendo a dire:

«Allora che posso dirti? Ho studiato all'istituto di lettere dove mi sono diplomata poi ho fatto una scuola di pasticceria e lì è iniziato il mio amore per il cake design. Abito in un piccolo appartamento nei pressi di Kensington Gardens e amo fare delle lunghe passeggiate nel parco. Mi piace rilassarmi facendo yoga o leggendo un libro con una tazza di thè acciambellata sul mio comodo divano. Ecco, direi che adesso sai un po' tutto».

Lui per qualche istante indugia sul mio viso, continuando a fissare i miei occhi.

Poi mi dice:

«Penso che per te questo lavoro qua in Scozia possa essere piuttosto interessante».

Cominciamo a mangiare, non avrei immaginato di gustare una pizza tanto appetitosa in un piccolo ristorante di un paesino delle Highlands.

«Accidenti, non ricordo di aver mangiato una pizza come questa in tutta Londra», dico assaporando il mio piatto.

Connor mi guarda.

«Di certo è tra quelle che ho apprezzato maggiormente: la pasta è sottile e croccante, il condimento ricco; penso proprio che torneremo ancora qua».

Sorrido.

Continuiamo a mangiare, di tanto in tanto sollevo lo sguardo su di lui per poi riabbassarlo quanto i nostri occhi impercettibilmente si "sfiorano".

Mi sento nervosa, non sono affatto a mio agio con Connor, forse perché è il mio capo o forse semplicemente perché praticamente non avevamo mai parlato davvero fino a poche ore fa.

«Prendi il dolce?», mi domanda.

«No, grazie. Se lo fanno prenderei un orzo».

Mi guarda, vedo affiorare un sorriso sulle sue labbra.

Fa cenno al ragazzo di avvicinarsi.

«Un espresso e un orzo».

«Mi spiace ma non abbiamo orzo, se vuole posso portarle degli infusi!», risponde lui con une mezzo sorriso disegnato sul volto.

Sento le guance arrossarsi:

«No, niente grazie».

Dopo l'espresso, Connor insiste per offrirmi la cena e io in macchina continuo a ripetere che invece voglio pagare la mia pizza.

«Senti Lucy non ho intenzione di parlare ancora di questo, tu avresti mangiato tranquillamente al castello, sono stato io a voler uscire per risparmiarmi almeno una cena con Nick considerato che dovremo spartire la cucina con lui».

«Beh, allora grazie per la cena», dico timidamente.

Ripercorriamo la stessa strada e poi ci addentriamo nel vialetto che conduce al ponte.

Ferma la macchina, quando scendiamo sento subito un vento gelido accarezzarmi le guance: è una serata tersa, solo pochi nubi che si riflettono nel lago.

Nessun rumore, un silenzio quasi surreale.

Connor digita il codice per aprire il portone d'epoca finemente restaurato; sembrerebbe che tutti siano già a letto.

Già, Miss Mac Cullivan aveva detto che qua dopo cena tutti si ritirano nelle proprie camere.

Saliamo la scalinata, io sbadatamente sto per cadere giù dalla scala non vedendo un gradino ma Connor mi prende per la mano attirandomi a sé.

Sento le sue mani sulla mia schiena, sollevo appena il viso, i suoi occhi indugiano di nuovo sulle mie labbra, sento l'odore della sua acqua di colonia.

Non ha intenzione di smettere di fissarmi, sono io che con le guance arrossate mi sposto ed esclamo:

«Grazie, se non fosse stato per te avrei rotolato tutta la scalinata e probabilmente adesso avresti dovuto trovarti ancora un altro assistente».

Si volta incamminandosi alla porta della sua camera.

«Fai attenzione Lucy, non vorrei proprio farti sostituire da Alvin».

Apre la porta.

«Buonanotte», mi dice chiudendosi la porta alle spalle.

Resto ancora qualche istante lì, ripensando alla strana sensazione delle sue mani su di me.

Al mattino vengo svegliata da un trambusto al piano di sotto, mi affaccio e vedo Lily che dirige dei signori che stanno portando nel castello delle scatole e diversi tavoli.

Decido di farmi una doccia e di scendere in cucina per iniziare a lavorare.

Sono da sola, sto preparando l'impasto per dei biscotti, dal mio bancone si vede il parco. Vedo qualcuno che sta facendo un po' di jogging, mi avvicino alla finestra: è Connor che con la tuta da ginnastica sta correndo nel vasto parco.

Non immaginavo che fosse pure uno sportivo, credevo che passasse tutto il suo tempo lavorando a qualche nuova ricetta aggiungendo sempre qualche ingrediente. Anche se dal suo aspetto fisico potevo pure intuire che facesse attività fisica.

Mi soffermo un istante a guardarlo fare alcuni esercizi quando qualcuno richiama la mia attenzione.

«Buongiorno, a quanto vedo non sono il solo a cominciare a lavorare prima che gli altri si sveglino».

Mi volto: Nick Reginals appoggiato al bancone mi sta guardando sorridendo con un espresso in mano.

«Oh, buongiorno, non mi ero accorta che fossi arrivato».

Lui si avvicina.

«Quando si ha parecchio da fare non ci si può concedere di dormire al mattino. Devo preparare la cena per gli ospiti che arriveranno, compresa la coppietta che convolerà a nozze».

Adesso si è appoggiato al mio banco da lavoro e sta osservando quello che faccio.

«Hai talento, sai muoverti con abilità in cucina».

Sento le guance arrossarsi e un po' timidamente dico:

«Grazie, cerco di impegnarmi sempre nel mio lavoro».

Nick mi guarda.

«I miei ragazzi stanno aspettando la consegna del pesce e delle verdure, una deliziosa mousse di salmone mi attende».

Mi parla, poi, di alcuni piatti che ha intenzione di preparare per il matrimonio.

Così, mantenendo fisso lo sguardo sul mio viso e sfoggiando un sorriso da pubblicità di dentifricio, aggiunge:

«Quando facciamo una pausa potremmo fare una chiacchierata davanti a un caffè o magari potrei farti fare un piccolo assaggio dei miei piatti».

Non riesco a replicare che la porta si apre e poi si chiude sbattendo.

«Mi dispiace Nick ma Lucy per l'intera giornata non avrà pause quindi falla con qualcun altro la tua chiacchierata», dice Connor prendendo con rabbia la sua casacca e mettendosela.

«Oh, a quanto vedo qualcuno qua si è alzato con un umore grigio! Non esattamente da autentico gentleman inglese», risponde Nick con tono sprezzante.

Connor si volta.

«Nick, fatti gli affari tuoi, stai alla larga da me e dal mio lavoro».

Inizia con meticolosità a ornare il dolce con le ninfee, io proseguo a lavorare ai miei biscottini allo zenzero come mi aveva chiesto.

Per quasi tutta la mattinata lavoriamo senza scambiarci una parola, si sente soltanto Nick impartire ordini ai suoi ragazzi che sono rientrati con un paio di ceste di verdura di stagione, vari contenitori con il pesce e alcuni salmoni locali che dovrebbero essere stati appena pescati.

Di tanto in tanto, quando sollevo lo sguardo dal mio impasto, vedo Nick che mi guarda.

In cucina tutti lavorano senza sosta: Connor adesso sta preparando dei mini cupcakes con ciliegie e cioccolato amaro mentre Nick e gli altri sono impegnati con la cottura del pesce e la preparazione del salmone.

Dopo aver glassato l'ennesimo biscotto, noto che il moderno orologio sulla mensola indica che ormai l'ora del pranzo è passata da un pezzo. Mi avvicino a Connor:

«Scusa, è da stamattina che non mi fermo, se non ti servo andrei a mangiare qualcosa».

Lui alza appena lo sguardo.

«Per la farcitura delle mini Sacher devi essere qua», dice lui rimettendosi a lavorare.

Considerato che ha infornato l'impasto già da parecchio e che poi deve attendere che il dolce sia della corretta temperatura per poterlo farcire, dovrò mangiare qualcosa in fretta.

Mi tolgo la casacca e, preso il cardigan, mi incammino sperando di trovare ancora qualcosa per il mio pranzo, anche se vista l'ora sarebbe più una merenda.

In sala trovo Miss Mac Cullivan e Lily intente a mettere un po' di ordine nella moltitudine di scatoloni che sono stati consegnati stamattina.

«Oh Lucy, sembrerebbe che siano arrivati da L.A. tutti gli addobbi scelti dagli sposi! La signorina Mac Cullivan mi stava gentilmente dando una mano a catalogare il "container" di roba imballata alla rinfusa!»

Mi guardo attorno: ovunque scatole di varie grandezze, vorrei chiedere se hanno spostato altrove il tavolo del buffet ma invece mi limito a chiedere:

«Tua sorella non doveva essere già qui?»

Lily scartando un vaso in cristallo rosa dice:

«A causa di uno sciopero del personale hanno cancellato alcuni voli nazionali tra cui il suo».

Miss Mac Cullivan sbuffa sistemando delle alzatine in pendant con il resto delle ceramiche.

«Voleva qualcosa signorina Cennevan?», mi chiede lei.

In imbarazzo, affermo:

«No, volevo solo sgranchirmi un po' le gambe. Io adesso torno in cucina, alcune Sacher mi attendono».

Con lo stomaco che borbotta torno al mio lavoro; le mini Sacher sono tutte sulla gratella e Connor sta cominciando a tagliare il dolce in due dischi.

«Pensavo che avessi trovato altro da fare!», mi dice in tono arrogante.

Ecco che lo riconosco: sempre strafottente e scortese a quanto pare il Connor gentile e simpatico di ieri era solo una piccola parentesi.

Innervosita gli rispondo rimettendomi la casacca sporca di cioccolato:

«Cosa avrei dovuto fare? Forse dare una mano a Lucy con tutto quel vasellame?»

Lui si volta guardandomi in cagnesco.

«Prendi la confettura di albicocca», mi dice continuando a essere scortese.

Con la spatola inizia a spargere la marmellata sul disco e ne aggiunge poi dell'altra sulla superficie e sui bordi del dolce.

Gli do una mano a fare la stessa cosa con tutte le mini Sacher ovviamente senza dire una parola anche perché quando ho fame non riesco a ragionare e soprattutto potrei dire ciò che penso di lui ovvero che è solo arrogante e villano e ciò non mi pare opportuno.

Mia sorella infatti mi ricorda sempre che con lo stomaco vuoto posso dire cose offensive a chiunque.

«Passami la ganache», prosegue lui stizzito.

Mi volto.

«Forse anche se non te lo dice nessuno dovresti inserire nel tuo vocabolario le parole "per favore" e "grazie"!»

Vado al mio banco per mettere la ganache in una ciotola sbattendola leggermente sul piano da lavoro per amalgamarla.

Connor mi scruta e con sguardo arrabbiato sussurra al mio orecchio:

«Se non vuoi che ti rispedisca a Londra cerca di essere educata, grazie».

Sollevo per un istante lo sguardo dal mio dolce.

«Forse anche tu dovresti cercare di essere altrettanto "educato", grazie».

Con le guance arrosate inizio a glassare con la deliziosa ganache la mia parte di mini Sacher.

Che nervoso! Proprio non riesco a tollerarlo! Pensa di potersi rivolgere sempre in quel modo? Forse qualcuno avrebbe dovuto dirglielo che non può comandare tutti considerandoli pezze per i piedi!, penso proseguendo il mio lavoro con meticolosità.

Nick si avvicina al mio banco.

«Hai stoffa! Ti muovi con abilità in cucina», mi dice piano sfoggiando un sorriso da ammaliatore.

«Grazie, fa piacere quando qualcuno apprezza il tuo lavoro», gli rispondo.

Si avvicina, mi guarda, mi passa un dito sulla guancia e se lo porta alle labbra.

«Cioccolato! Delizioso cioccolato amaro probabilmente con l'aggiunta di un pizzico di scorza d'arancia», dice senza spostare lo sguardo dal mio viso, dalla mia bocca.

Tutti in cucina ci stanno guardando, poi lui mi rivolge l'ennesimo sorriso ammiccante e va dal ragazzo intento a saltare delle verdure.

Noto lo sguardo di Connor, sembra davvero arrabbiato.

Continuiamo a lavorare: Sacher, mini cupcakes, biscotti vegani con miglio e cioccolato ornati anch'essi con ninfee, mousse alle ciliegie e sorbetti alla papaya, granella di zucchero, albicocche e carote.

Quando alzo il viso dal mio banco da lavoro mi rendo conto che ho sgobbato per l'intera giornata senza quasi un attimo di pausa.

Il buffet di dolci richiesto è stato puntigliosamente preparato; Connor sta cominciando a ripulire il suo bancone quando si volta e mi fa cenno di avvicinarmi.

«Puoi andare a riposarti, abbiamo lavorato parecchio e tu ti sei data da fare».

Non aggiunge altro, devo dedurre che questo sia il suo modo per dirmi che sono riuscita a dargli una mano senza fare pasticci.

«Grazie e... mi dispiace per prima non avrei dovuto essere scortese», gli dico abbassando lo sguardo.

«Non avremmo dovuto, entrambi», dice voltandosi.

Accidenti, sbaglio o Connor si è quasi scusato con me?

7

Sono nella mia stanza con ancora i capelli bagnati e una comoda tuta quando sento bussare alla porta.

«Ciao Lucy, mi dispiace darti fastidio ma dovreste fare l'allestimento del vostro buffet giù in veranda. Gli sposi sono arrivati», mi dice Lily un po' nervosa.

«Un istante che mi metto qualcosa, chiamo Connor e scendiamo», le dico io iniziando a togliermi la maglia.

Afferro dei leggings, un cardigan e infilandomi delle ballerine mi precipito a bussare alla porta del mio capo.

Aspetto qualche istante e provo di nuovo; nessuno risponde né tantomeno mi apre.

Provo a sospingere leggermente la porta ma ovviamente è chiusa dall'interno.

«Lucy, muovetevi, Lily mi ha detto di chiamarvi. Tutti di sotto sono in fermento, neanche giocasse l'Inghilterra!», dice Mat.

Si sofferma un attimo a guardarmi.

«Sei deliziosa con quel maglioncino, verrebbe voglia di darti un morso».

Poi, ridendo, aggiunge:

«Dai scendo, Miss Mac Cullivan mi vuole per spostare un cassettone nell'atrio».

Provo ancora a bussare ma non sembra intenzionato ad aprire.

Prendo lo smartphone e provo a chiamarlo ma niente, mi chiedo che cavolo stia facendo.

Poi mi viene in mente che le nostre stanze sono comunicanti, so che non è educazione intrufolarsi nelle camere altrui ma io non so proprio come farmi aprire.

Un po' perplessa provo a mettere la chiave nella serratura, dopo uno scatto la porta si apre.

Respiro, probabilmente lui è già di sotto a lavorare e io invece sono qui che come una spia mi aggiro per il castello.

La stanza è in ordine, sulla scrivania vedo il suo cellulare, sul letto il portatile e un libro.

Avvicino l'orecchio a quella che dovrebbe essere la porta del bagno, non mi pare di sentire dei rumori.

A un tratto, la porta si apre e io sto quasi per cadere.

«Oh cazzo! Ma che ci fai qui?», mi dice attirandomi a sé per non farmi cadere.

Connor, capelli bagnati, coperto solamente da un asciugamano avvolto attorno ai fianchi mi guarda.

Sono rossa per l'imbarazzo, i miei occhi non hanno nessuna intenzione di volersi spostare dai muscoli tesi del suo addome che scendendo sembrano disegnare una V che si sospinge sotto all'asciugamano in spugna da cui spunta un tatuaggio.

Mi costringo ad abbassare lo sguardo.

Dal bagno sta uscendo del vapore e un'ondata di profumo, l'inconfondibile aroma della sua acqua di colonia, che mi investono.

«Allora mi vuoi spiegare cosa cazzo ci fai nella mia stanza?», mi ripete passandosi la mano sul mento.

Provo a dire:

«Ero in camera mia quando Lily è venuta a dirmi che dovevamo preparare l'allestimento; ho provato a bussare alla porta ma niente, ti ho anche chiamato al cellulare ma probabilmente non mi hai sentito. Non sapevo che fare, così sono passata dalla porta comunicante».

Lui mi guarda.

«Sono stato parecchio al telefono con Ingrid forse non mi ero reso conto che si fosse scaricato. Dammi un istante che mi vesto».

Resto lì ferma a guardarlo prendere una camicia.

«Potresti uscire, per favore?»

«Oh, scusa, mi ero distratta», gli dico chiudendomi la porta alle spalle.

Che imbarazzo! Lucy rifletti e cerca di non combinare altri disastri!, mi ripeto.

Non riesco a non pensare a quanto ho visto poco fa: il mio datore di lavoro, famoso per i suoi modi schivi e riservati, affatto cortese e gentile, era mezzo nudo ed estremamente sexy e io non riuscivo a non guardarlo, non riuscivo a non fissare i suoi addominali tesi.

Mi auguro solo che non abbia notato la mia espressione sbalordita.

Connor mi distoglie da questi pensieri.

«Scusa ma proprio non immaginavo di dover preparare adesso l'allestimento», mi dice infilandosi un maglione sopra la camicia.

«Non preoccuparti...».

Scendiamo di sotto nella sala d'oro, l'imponente tavolo è già imbandito. Lily sta spostando con la signorina Mac Cullivan e Mat un cassettone dall'aspetto assai pesante.

Appena ci vede si avvicina:

«Oh ragazzi, scusate ma nemmeno io immaginavo che volessero fare una cena. Riuscite a sistemare il buffet dei dolci in quel corner?»

Connor lo scruta.

«Lucy, vieni, andiamo in cucina e vediamo cosa riusciamo a fare».

Lo seguo, appena apriamo la porta vediamo Nick e i suoi ragazzi intenti a lavorare, si sente l'odore appetitoso del salmone al cartoccio con le verdure di stagione.

Accidenti ho una fame pazzesca.

Prendiamo i cupcakes, i biscotti e i mignon e li mettiamo con eleganza e gusto in barattolini in vetro e li orniamo con praline di zucchero e cioccolato amaro.

Sistemiamo poi le mini Sacher e il dolce con le ninfee e mettiamo qua e là alcune praline al cocco e granella.

«A quanto vedo Lucy hai un maestro piuttosto abile, devo dire che in cucina ha sempre avuto stoffa anche se ha un caratteraccio», dice Nick avvicinandosi in modo da potermi sfiorare la guancia.

Connor lo guarda.

«Non siamo qui per il nostro carattere mansueto e cortese ma per fare il nostro lavoro e io so come si lavora».

Poi notando la sua mano sul mio viso aggiunge:

«A quanto vedo tu invece non hai ancora imparato a tenere le mani a posto».

Nick si mette a ridere.

«Impara a divertirti, Connor», gli dice rivolgendomi un nuovo sorrisetto sensuale e tornando al suo pudding.

Prendiamo i dolci e con meticolosità andiamo a sistemare il nostro corner.

Sto aggiungendo alcune ninfee quando Connor mi dice:

«Nick è divertente e simpatico e ovviamente capisco che per una donna sia anche affascinante, ma ti assicuro che è solamente un opportunista a cui importa solo di se stesso. Stanne alla larga, Lucy».

Per un istante i nostri occhi si trovano, il suo sguardo è intenso.

Proseguiamo con l'allestimento del nostro corner, mettendo una ninfea qua e una pralina là.

È davvero delizioso e di classe.

Connor guarda soddisfatto il nostro lavoro:

«Direi che siamo riusciti a realizzare quello che voleva la coppia».

Sistema ancora la granella di cocco e prosegue:

«Abbiamo lavorato parecchio e tu Lucy sei stata un'assistente preziosa».

Non so che dire, sono contenta e soddisfatta di ciò che abbiamo fatto, sollevo lo sguardo e direi proprio di aver notato una sorta di sorriso sulle sue labbra.

Il mio stomaco borbotta, Connor mi guarda e si mette a ridere.

«Non hai mangiato?», mi domanda

Arrossendo rispondo:

«No, e adesso ho una fame pazzesca».

«Non so cosa riusciremo a mangiare stasera, in cucina ovviamente tutti stanno preparando la cena per gli sposi e i loro amici. Vieni, ho diversi biscotti da farcire, sono sul mio banco, potresti metterci un po' di confettura di albicocche che abbiamo utilizzato per le Sacher».

Ritorniamo in cucina, prendiamo alcuni biscotti e Connor li prepara come farebbe con la merenda di un bambino. Li mette poi in un piattino da dessert aggiungendoci delle granella al cacao amaro.

«Vieni, qui sono tutti in agitazione, cerchiamo un po' di tranquillità per il tuo *brunch*», mi dice lui sorridendomi appena.

Usciamo dalla cucina e lo seguo.

Passiamo dall'atrio, saliamo la scala, non ho idea di dove mi stia portando poi entriamo in una stanza a lato della biblioteca.

Sembra uno studio, vi è un caminetto in cui ardono alcuni ceppi, una scrivania d'epoca con un'imponente *abat-jour* e una libreria zeppa di tomi e volumi dall'aspetto un po' logoro.

Vedo una porta socchiusa che si apre all'esterno, dà su di una terrazza.

«Ho scovato questa stanza stamattina dopo che sono rientrato dalla mia corsa, la signorina Mac Cullivan mi ha detto di utilizzarla pure come una sorta di ufficio per parlare con Ingrid; la connessione internet nella mia stanza non è un granché».

Apro la porta, sento un venticello gelido sulle guance arrossate dal tanto lavoro e vengo rapita da ciò che si vede da qui.

Le guglie del castello e parte di esso si riflettono nel lago rischiarato dal bagliore della luna che fa da protagonista, non si sente nessun rumore, solo qualche uccello notturno. Tutt'intorno alberi e piante che fanno da cornice al castello, è un sogno.

«È davvero incantevole! Sembra quasi di essere in un'altra epoca, distante da Londra con i sui ritmi stressanti», dico stringendomi del cardigan.

Mi volto, Connor mi sta guardando.

«Già, è proprio così», fa una piccola pausa in cui i suoi occhi non la smettono di fissarmi.

Accidenti Connor, smettila di fissarmi in questo modo, è più semplice starti alla larga quando sei il solito arrogante!

Si avvicina, mi posa una mano sulla schiena, al suo lieve tocco sento una scossa percorrermi.

Poi, aggiunge:

«Dai, rientriamo, tu devi ancora mangiare e immagino che la signorina Mac Cullivan si starà, pure, chiedendo dove siamo».

Prendo un biscotto, il suo sapore è gustoso e delicato al contempo e l'aggiunta della confettura di albicocca si sposa in modo delizioso con l'impasto.

«Uhm, sono un sogno, potrei saccheggiare il buffet!», dico gustandomi la mia merenda.

«Al lavoro mi impongo di non assaggiare granché perché poi so che ne mangerei un sacco, sono davvero golosa. Come resistere a una ganache di cioccolato su di un pan di Spagna soffice e alto o a un cupcakes con *icing* ai mirtilli?»

Lui mi guarda e si mette a ridere. Cosa? Connor O'Reel si è appena messo a sorridere?

«Che ho detto di tanto divertente?», chiedo io prendendo un altro biscotto.

«Niente, è solo che sei riuscita a sporcarti il viso come farebbe un bambino. È difficile al giorno d'oggi incontrare delle ragazze autentiche come sei tu; non sei impostata e dici sempre quello che pensi».

Sorrido.

«Guarda che lo prendo come un complimento!»

Lui si avvicina ancora, quel tanto da riuscire a sentire l'odore della sua acqua di colonia, mi solleva il mento con un dito e tenendo gli occhi fissi nei miei esclama:

«È quello che ti ho appena fatto, ma non abituartici».

Sento il suo respiro sul mio viso, vorrei spostarmi ma una parte di me vuole rimanere lì, così vicina a lui, al mio datore di lavoro.

Lui continua a guardarmi, non so che pensare, non so che fare; non ho mai pensato a Connor se non come al mio arrogante e presuntuoso capo ma stasera sento che qualcosa tra noi sta cambiando.

Connor non ha intenzione di abbassare lo sguardo, sento il suo respiro sulle mie guance, il mio cuore che sta cominciando a impazzire.

Lui si protende un altro po' su di me quando la voce squillante di Lily ci distoglie da questa nuova e surreale intimità.

«Ehm, scusate...», dice aprendo la porta.

Il mio capo si sposta quel tanto da ristabilire la distanza tra noi.

«Dicci pure Lily, ti serviamo da qualche parte per dare una mano? Noi abbiamo già allestito il nostro corner come ci hai chiesto».

Lei, visibilmente nervosa, inizia a dire:

«Ragazzi, penso che questa coppia mi farà impazzire; adesso vogliono che io riesca a trovare per il loro matrimonio una suonatrice d'arpa!»

«Arpa?», ripetiamo Connor e io.

Lei, sistemandosi lo chignon disordinato, prosegue:

«Proprio d'arpa! Piuttosto, gli invitati si stanno accomodando per un cocktail, gli sposi invece vorrebbero parlare con il cake designer per apportare alcune modifiche al disegno iniziale della wedding cake. Mi auguro solo che non vi chiedano cose assurde! Venite, vi mostro qual è la loro stanza».

Seguiamo Lily, dalla porta della sala del trono intravedo gli invitati nei loro abiti griffati sorseggiare quello che deduco sia dello champagne, poi saliamo la scalinata che conduce nell'altra ala del castello.

«Ecco, questa è la loro stanza o forse sarebbe più appropriato dire piccolo appartamento».

Bussa alla porta.

Dopo alcuni istanti la porta si apre: una ragazza alta, capelli lunghi sciolti in morbidi riccioli, occhi grigi truccati con uno *smokey eyes*, con indosso una sorta di vestaglia in seta rosa e ciabattine di pelo del medesimo colore con slancio dice:

«Oh, venite, mi stavo rilassando un po'».

«Wendy, io scendo di sotto, devo ancora rivedere alcuni dettagli. Ti ho portato Connor e la sua assistente Lucy per parlare delle modifiche che vorresti apportare alla tua wedding cake», la informa Lily sorridendo.

«Cara, non so proprio come avremmo fatto senza te e tua sorella».

Va a sedersi, io la guardo: Wendy Polston, la famosa attrice americana, interprete di svariate serie TV e film di successo, prende dal tavolo da fumo un infuso o qualcosa che gli si avvicina parecchio considerato l'odore di malva che emana.

«Allora, scusate se sono ancora in *deshabillé*, ma ho voluto rilassarmi nella vasca con i miei sali alla lavanda. Il nostro jet è dovuto atterrare a Inverness e poi ovviamente siamo arrivati sin qui in macchina, sono esausta. È più semplice arrivare a L.A. che in questa "landa sperduta"».

La osservo incurante della vestaglia che si sta aprendo leggermente scoprendo il pizzo del suo push up, prende poi il disegno della torta che le aveva preparato Connor, una wedding cake a piani decorata finemente con rose inglesi e rose selvatiche, e inizia a dire:

«Allora tesoro, mi piacerebbe aggiungere anche una cascata di gardenie tahitensis sulla torta, pensate che si possa fare?»

Connor ripete:

«Gardenie tahitensis?»

«È il fiore di tiarè, è una pianta tropicale», dico io.

Connor mi guarda stupito.

«Pensate che possiate aggiungerne alcune?», ci chiede.

«Se ho capito di quale pianta stiamo parlando non dovrebbe essere complicato riprodurla in pasta di zucchero anche se non so se sia adatta con le rose», dice Connor guardando il disegno del dolce.

«Oh, non potete trovare un modo per accontentarmi?», insiste lei mettendo il broncio come farebbe un bambino.

Connor mi guarda.

«Dai, guardiamo di trovare una maniera per aggiungere una cascata di tiarè alla torta».

«Oh, grazie sapevo che avreste fatto il possibile per farmi essere contenta. Scusate tesori, ma adesso devo proprio vestirmi, i miei ospiti si staranno domandando dove mi sono cacciata».

Connor e io ci alziamo dal divanetto.

«Allora ci mettiamo immediatamente al lavoro e nel pomeriggio conto di poterti mostrare qualche schizzo», la rassicura lui uscendo.

«Buon lavoro», esclama chiudendosi la porta alle spalle.

Connor si volta a guardarmi.

«Hai sentito? Gardenia tahitensis! Ci vorrà fare impazzire».

Poi aggiunge:

«Di sotto tutti sono alle prese con la cena, noi abbiamo già sistemato il nostro corner quindi direi di andare a lavorare a questa torta».

Lo seguo, sta andando in direzione delle nostre stanze.

Prende la chiave e apre la porta della sua stanza.

«Vieni, accendo il portatile e prendo alcuni fogli per fare il nuovo disegno del dolce. Siediti dove vuoi».

Un po' in imbarazzo mi accomodo sulla poltrona, lui fa lo stesso.

«Allora hai detto che comunemente è il fiore di tiarè?», mi domanda.

«Sì, sembra semplice da riprodurre».

Connor inizia a cercare su Google alcune immagini del nostro fiore; la luce della piantana illumina la stanza io mi soffermo a guardarlo: il viso serio con un lieve accenno di barba, gli occhi verdi fissi sullo schermo del portatile dove sta scorrendo diverse pagine del motore di ricerca, si passa distrattamente la mano sul mento.

Solleva lo sguardo.

«Allora che ne pensi se aggiungessimo alcuni di questi fiori alle rose selvatiche variando appena la sfumatura per armonizzare il tutto? Dovremmo però modificare anche alcuni dettagli dell'allestimento inserendo qua e là una nota di giallo a richiamare la corolla del tiarè».

Non riesco neppure ad aggiungere una parola che prende il carboncino e un foglio; con attenzione inizia a buttare giù questa sua idea.

Sì, all'inizio anche io ero stupita che usasse per i suoi schizzi il carboncino ma Connor ci dice sempre che non si può pensare di disegnare con qualcos'altro.

Guardo la sua mano muoversi leggera sul foglio dell'album, accidenti osservarlo lavorare mi incanta, potrei restare qua per ore a studiarlo.

Inizio a capire che per Ingrid non sia stato difficile innamorarsi di lui, nonostante il suo caratteraccio Connor ha in sé qualcosa che attrae, qualcosa che ti rapisce, è come una calamita.

Alza il viso e per un attimo sento quel suo sguardo su di me, come se riuscisse a percepire le mie sensazioni.

Sensazioni strane, che non ricordo di aver provato da un po'.

Ma che sto dicendo?

Lui è solo il mio datore di lavoro, nient'altro.

Indugia con lo sguardo ancora un istante sul mio viso, poi riprende a disegnare.

Guardo delinearsi sulla carta una torta a piani, quella che in gergo sarebbe definita la classica american cake, con tralci di rose e fiori di tiarè. È delicata e di classe, un sogno.

«Allora che te ne pare? Se riuscissimo a modificarla in questa maniera», dice indicando sul foglio il tralcio di rose selvatiche, «l'aggiunta del tiarè andrebbe solo ad arricchire il dolce senza intaccare lo stile classico che abbiamo voluto dargli. Penso che potremmo fare un lavoro eccellente».

Quando parla del nostro mestiere, dei dettagli che mette in ogni dolce, si percepisce quando gli piaccia e con quanta passione lo faccia.

«Mi pare proprio incantevole», concordo con lui.

Per un istante non aggiunge altro, poi chiude il portatile e si alza.

«Io scendo in cucina, voglio provare a fare alcuni fiori di tiarè e rose selvatiche da far vedere alla nostra cliente per rendersi conto di come potrebbe essere la sua wedding cake».

«Ti seguo, posso darti una mano con la pasta di zucchero, almeno per lavorarla».

Mi guarda.

«Questo non è orario di lavoro, puoi restare in camera a rilassarti un po' se preferisci».

«No, mi fa piacere, davvero».

Scendiamo, si sente una musica di sottofondo e dalla porta si intravedono nella sala gli invitati già seduti all'imponente tavola.

Alcuni camerieri stanno servendo diverse portate, Lily e la signorina Mac Cullivan si aggirano nervose da una stanza all'altra.

In cucina Nick sta ancora cucinando; quando ci vede, sfoggiando un sorriso un po' arrogante, dice:

«Pensavo che dopo la giornata di lavoro di oggi foste a riposarvi».

Connor senza neppure degnarlo di uno sguardo prende della pasta di zucchero, me ne porge un po' e inizia a lavorala con lo zucchero a velo sul bancone.

Faccio lo stesso, con il mattarello cerco di stenderla dello spessore desiderato e, conoscendo Connor, preparo alcuni spatolini angolati che è solito usare.

Inizia a intagliare la sfoglia stesa sul bancone andando a creare i petali del fiore di tiarè e quelli delle rose selvatiche.

Mi soffermo per qualche istante a guardarlo lavorare, osservo le sue mani che con perizia modellano e rifiniscono i fiori.

Ormai hanno servito anche il salmone, Nick è andato a parlare con la sposa e i suoi assistenti stanno adesso pulendo la cucina.

Noi proseguiamo a lavorare, guardo l'orologio, accidenti anche a Londra a quest'ora sarei già a letto, vorrei potermi mettere il mio comodo pigiama e acciambellarmi nel letto.

«Noi abbiamo sistemato i nostri piani da lavoro e pulito lavello e piano a induzione. La signora Mac Cullivan ha detto di chiudere la porta con la chiave. Buonanotte», ci informano.

«Buonanotte, ragazzi», risponde loro Connor di rimando.

Siamo solo noi due, non si sentono rumori solo il vento che fischia. Non so perché, ma stasera sono nervosa a essere qua da sola con lui. Forse è soltanto perché non sono abituata a lavorare in questo modo con Connor, o forse perché è notte e di notte si sa, la razionalità e le inibizioni spesso spariscono e ci si lascia trasportare dall'istinto e dalle sensazioni.

Sto cominciando a vedere in lui qualcosa di diverso, qualcosa a cui non so dare un nome, qualcosa che vorrebbe farmi avvicinare a lui, sentire le sue mani che mi sfiorano, mi accarezzano.

Ma che stai pensando, Lucy? Lui è il tuo capo, scontroso e arrogante tra l'altro, che non ti degna di uno sguardo, levatelo immediatamente dai tuoi pensieri!, mi ripeto proseguendo a lavorare la pasta rosa antico.

Connor sistema con perizia i fiori di tiarè e le rose selvatiche sul piano di polistirolo che ho appena rivestito, accidenti è davvero affascinante.

«Direi proprio che dovremmo andare a dormire, dopo colazione mostreremo questo modello a Wendy e poi cominceremo a lavorare al nuovo allestimento», mi dice lui iniziando a ripulire il bancone.

Gli do una mano a sistemare gli spatolini, poi tolte le casacche chiudiamo la porta a chiave.

In sala gli invitati stanno ancora parlando, qualcuno gustandosi un caffè.

Saliamo la scalinata poi ci soffermiamo sulla porta delle nostre stanze.

«Allora grazie», mi sussurra sulla porta.

Lo guardo, gli altri devono essere già a dormire, poi abbasso lo sguardo da quei suoi occhi verdi.

«Buonanotte, Connor».

Sto per chiudere la porta quando mi dice:

«Sai, su una sola cosa sono d'accordo con Nick, hai talento signorina Cennevan».

Sento chiudersi la porta alle spalle, io sorrido e vado a mettermi il comodo pigiama.

8

Sto per andare a letto, mi sono già messa il mio morbido pigiama con un simpatico coniglietto dalle orecchie rosa shocking ma non riesco a trovare il mio cellulare.

Ho guardato ovunque, so di averlo usato prima per provare a chiamare Connor e so di non averlo portato giù in cucina quindi dovrebbe proprio essere in questa stanza, continuo a ripetermi spostando i vestiti da una parte all'altra della camera.

Poi ricordo che avevo lo smartphone con me quando mi sono introdotta furtivamente nella stanza del mio vicino. Probabilmente devo averlo posato da qualche parte; accidenti se non riprendo il cellulare non posso mettere neppure la sveglia!

Aspetto qualche istante, non so se bussare o no; e se fosse già a letto?

Poi mi avvicino alla porta comunicante e decido di bussare appena: se stesse dormendo non lo sveglierò con questo rumore e se fosse ancora alzato gli chiederò solo di passarmi il cellulare.

Picchio lievemente sull'antico legno di ciliegio, attendo un istante, probabilmente starà già dormendo.

Mi volto per andare a letto quando la porta si apre.

Connor, pantaloni del pigiama e una t-shirt, mi chiede perplesso:

«Lucy, ma sei stata tu a bussare?»

Poi senza farmi rispondere aggiunge:

«Pensavo che fosse qualcuno dall'altra porta ma sembrerebbe che in questa ala del castello stiano già tutti dormendo tranne noi».

Sento quel suo sguardo intenso sul mio viso, poi un po' in imbarazzo dico:

«Prima, distrattamente, devo aver appoggiato il cellulare da qualche parte nella tua stanza».

«Vieni pure a vedere, stavo leggendo un po'».

Poi mi chiede ironico:

«Devi telefonare al fidanzato per la buonanotte?»

Arrossendo rispondo:

«Oh no, non sono fidanzata, dovevo solo mettere la sveglia!»

Ecco che lo vedo: è sopra lo scrittoio, mi avvicino e lo prendo.

«Allora grazie e scusa per il disturbo, ma io metto sempre la sveglia altrimenti sarei perennemente in ritardo».

Sorrido timidamente.

Lui si avvicina, si sofferma a guardare il mio pigiama.

«Davvero delizioso e soprattutto sexy!», esclama ridendo.

Arrossisco, non sono abituata a questo suo lato ironico.

«Non sarà un babydoll di *Victoria's Secret* ma ti posso assicurare che è comodo e decisamente morbido», replico io.

Alzo lo sguardo, i suoi occhi adesso indugiano sul mio viso.

Accidenti che sta facendo? Perché mi guarda in quel modo?

Mi mordo nervosamente il labbro, lui continua a guardarmi, poi si avvicina e allunga la mano sfiorandomi appena la guancia per spostarmi una ciocca di capelli dal viso. Il suo tocco è lieve sulla mia pelle, poi allontanandosi appena mi dice:

«Direi proprio che adesso dovresti andare a dormire, Lucy. Buonanotte».

M volto, apro la porta che separa le nostre stanze.

«Buonanotte, scusa ancora».

Lui passandosi la mano sul mento mi sorride.

«Vai a dormire che dovremo lavorare come matti per assecondare i capricci della nostra cliente».

Chiudo la porta anche se avrei voluto restare di là con lui e tutto questo non mi piace affatto, lui è "solo" il mio datore di lavoro, continuo a ripetermi acciambellandomi tra le trapunte.

Al mattino quando scendo di sotto per colazione il castello è ancora tranquillo, nessuno che si aggira nervoso neppure la signorina Mac Cullivan.

«Buongiorno», dico entrando nell'ampio salotto al signor Saroche che al momento sembra l'unico a essersi alzato.

«Buongiorno signorina Lucy, le previsioni metereologiche dicono che dovrebbe piovere su tutta la regione», esclama girando il cucchiaino nella tazzina del caffè.

«Oh, non sono solita guardare il meteo anche perché a Londra in questa stagione piove quasi tutti i giorni. Lei signor Saroche è inglese?», domando al mio interlocutore.

«Di Stratford-upon-Avon, la città di Shakespeare anche se è da parecchio tempo che per lavoro vivo tra Londra e L.A.».

Prendo dal buffet un croissant vegano e una tazza di latte di soia.

«Un cucchiaino?», mi domanda prendendo la zuccheriera.

«Oh no, il latte mi piace al naturale soprattutto questo».

Proseguiamo la nostra colazione, il signor Saroche è molto calmo e gentile nei modi, potrebbe sembrare un uomo d'altri tempi sempre così compìto ed educato.

«Signor Saroche, pensa che questo matrimonio possa essere semplice da gestire?»

Lui sorride.

«Affatto, i matrimoni vip non sono mai facili soprattutto se è Wendy Polson, la sposa! Questo è un evento blindato. I miei ragazzi alloggiano in un B&B a Dornie e sembrerebbe che i paparazzi abbiano prenotato in tutti gli hotel».

Assapora ancora il suo caffè ristretto poi aggiunge:

«La coppia non ha voluto vendere l'esclusiva del loro matrimonio a nessuna rivista quindi tutti vogliono aggiudicarsi uno scatto rubato della sposa. Ha idea in termini economici di quanto possa valere una loro foto?»

«Penso proprio di no».

Il cellulare del signor Saroche squilla, lui si alza.

«Scusi Lucy ma a quanto pare devo iniziare a lavorare. Buona giornata e buon lavoro».

«Anche a lei», gli rispondo.

Resto ancora qualche istante ad assaporare la mia colazione in tranquillità anche perché immagino che avremo parecchio lavoro da fare tra dolci e allestimenti.

«Buongiorno Lucy, stamattina non ne volevo sapere di alzarmi ma se avessi immaginato di trovarti qua da sola a fare colazione avrei avuto un incentivo a uscire dal letto».

Mi volto, Nick appoggiato alla stipite della porta mi guarda.

Io, un po' in imbarazzo per questo suo modo spudorato di fare delle avances, gli rispondo:

«Oh, buongiorno Nick, stavo proprio per andare in cucina, anche noi abbiamo parecchio lavoro».

Lui si avvicina e si siede sulla poltrona.

«Cosa stai facendo? Il tuo capo ti ha detto di non parlare con me?»

Arrossendo, rispondo innervosita:

«Mi spiace ma Connor non ha l'abitudine di dirmi se posso dialogare o no con altri esseri umani».

Si mette a ridere.

«Non volevo offenderti, pensavo solo che non apprezzasse che noi due parlassimo un po'; come avrai notato non siamo amici, perlomeno non più».

Sollevo lo sguardo, questo argomento potrebbe anche essere interessante, vorrei proprio capire cos'è accaduto tra loro.

A quanto pare in passato dovevano essere amici ma qualcosa deve aver intaccato il loro rapporto. Mi chiedo cosa. Così, immaginando che Connor non ami parlare di Nick, provo a domandargli:

«È da impicciona se ti chiedessi perché tu e Connor non vi potete sopportare?»

Nick si aggiusta la camicia inamidata e mi guarda.

«Lui è il tuo datore di lavoro e il tuo insegnante, puoi imparare parecchio da lui, il suo lavoro lo sa fare quindi penso che non dovremmo parlare di quella che era la nostra amicizia, è una vecchia storia».

«Come vuoi, questi non sono affari miei e non avrei neppure dovuto chiederti nulla, scusami. Io adesso vado in cucina, buona giornata», mi congedo alzandomi e sistemando la mia tazza su un bancone.

Sto aprendo la porta quando mi dice:

«Erano gli anni della scuola di cucina a Glasgow, la prestigiosa *Culinary Academy*; la rivalità tra gli studenti come potrai immaginare era alta, ma non tra di noi. Eravamo amici, ci divertivamo e potevamo contare l'uno sull'altro. Poi la scuola assegnò un progetto: il piatto più rivoluzionario avrebbe vinto un master all'accademia di Dubai», fa una pausa e aggiunge:

«Per sintetizzare, Connor mi rubò il progetto e lo presentò come suo ma io con un altro ottenni lo stesso il master. Da allora lui non mi parla anche se forse quello arrabbiato e risentito dovrei essere io e non lui, tutto qui».

Lo guardo, non immaginavo certo che avesse potuto rubare il lavoro di un altro, non è da lui.

«Su, adesso vai, avrete parecchio da fare, questo evento non è affatto semplice. Buona giornata, cara».

Lo osservo prendere una tazza di caffè poi mi chiudo la porta d'epoca restaurata alle spalle.

Accidenti proprio non immaginavo che avesse potuto presentare il lavoro di un altro, rubarlo poi a un suo amico! Pensavo che nonostante il suo essere scontroso e arrogante fosse però un uomo corretto, di princìpi.

Entro in cucina, Connor è già al suo bancone, alza appena lo sguardo dal cestello della *KitchenAid*.

«Buondì Lucy, iniziavo a pensare che non avessi sentito la sveglia. Dai, mettiti la casacca che mi devi dare una mano con i mini *cheese cakes* al mirtillo e lampone».

Raccolgo i capelli in un disordinato chignon e lavate le mani mi avvicino al suo banco.

«Dimmi pure che posso fare».

«Allora, dovresti proseguire con questo impasto e poi passare all'*icing* dei cupcakes, ovviamente deve richiamare i colori del fiore di tiarè e quelli delle rose selvatiche».

Inizio a lavorare anche se continuo a ripensare alle parole di Nick; mi sento in qualche modo delusa da Connor, non avrebbe dovuto rubare il lavoro di un altro.

In cucina per adesso non è ancora arrivato nessun altro, probabilmente stanno aspettando la consegna di alcuni prodotti per cominciare a cucinare.

Sto preparando l'*icing* con meticolosità per ottenere la sfumatura desiderata quando il mio capo si avvicina.

«Non mi sembri come al solito, qualche pensiero?», mi chiede prendendo una *sac-à-poche*.

«No, niente», gli rispondo io riabbassando lo sguardo.

Mette il pollice sotto al mio mento per farmi alzare il viso.

«Non mentire».

I nostri occhi si trovano, sento quel suo sguardo intenso fisso sul mio volto, il suo tocco è carico di elettricità.

«Dobbiamo lavorare, abbiamo ancora parecchi cupcakes da decorare e ovviamente la torta nuziale», provo a replicare io.

Lui adesso mette delicatamente una mano sulla mia spalla e l'altra sulla mia guancia.

«Per favore Lucy, dimmi perché stamattina sei diversa dal solito. Siamo tu e io a lavorare a questo evento e non possiamo tenere bronci tra noi», mi dice con dolcezza come farebbe con un bambino indispettito.

«Nulla, non sono neppure cose che mi riguardano», provo a rispondere riprendendo a farcire i cupcakes.

Lui mi afferra la mano, alzo lo sguardo, i nostri visi sono talmente vicini che sento il suo respiro sulle mie guance.

«A che ti riferisci?»

Non so se dirgli della conversazione che ho tenuto stamattina con Nick, di quello che mi ha raccontato e di quanto fossi delusa o se invece mentirgli con una scusa qualsiasi.

«Lucy, non te lo ripeterò ancora, quindi se sei offesa o altro sei pregata di dirlo adesso per poi rimetterci al lavoro come al solito», mi dice adesso un po' spazientito.

«Senti, non dovremmo neppure parlarne, come ti ho già detto sono cose che non dovrebbero interessarmi; quindi ti propongo di tornare ai nostri compiti».

«Anche se non dovrebbe interessarti voglio sapere a cosa ti riferisci».

Sospiro e alzando gli occhi al soffitto provo a dire:

«Stamattina a colazione ho parlato un po' con Nick».

Appena sente parlare di Nick inizia a sbuffare innervosito.

«Dovevo immaginarlo, quello proprio non ne vuole sapere di non impicciarsi, e adesso che vuole? Vorrei proprio sapere cosa cazzo si mette a dire!»

«Senti come ti ho già detto non dovremmo neppure parlarne, tutto questo non deve interessarmi», gli ripeto.

«Forse non interesserà a te ma io come tuo datore di lavoro voglio sapere cosa ti ha detto!»

Accidenti, non avrei dovuto neppure iniziare questa discussione con lui, soprattutto se il soggetto del dibattito è Nick Reginals!, penso decorando i cupcakes con la glassa colorata.

«Allora? Preferisci che lo chieda al tuo caro amico Nick?», dice visibilmente in collera.

«Non è affatto mio amico e smettila di strillare come una scimmia urlatrice!»

Cavolo, ho appena dato del primate al mio capo; se mi volesse rispedire a Londra non potrei nemmeno lamentarmi.

Lui mi guarda spazientito.

Faccio una piccola pausa e poi provo a dire:

«Stavo facendo colazione, il signor Saroche era appena uscito quando è arrivato Nick. Abbiamo parlato un po' poi sono stata io a domandargli perché tu fossi tanto arrabbiato con lui».

Sollevo lo sguardo, Connor adesso sembra su tutte le furie.

Proseguo:

«Mi ha parlato dell'Accademia di cucina di Glasgow e di quanto all'epoca foste amici e... del progetto che dovevate fare per l'accademia di Dubai».

Connor mi domanda:

«E cosa ti avrebbe raccontato? Ti ha detto di avermi rubato il lavoro e di aver ottenuto il master proprio con quel piatto?»

Cosa? Nick mi aveva detto che era stato Connor ad aver rubato il suo lavoro!

«Allora?», mi domanda.

«Scusa ma sono perplessa, Nick mi aveva detto che eri stato tu a soffiargli il piatto per il master! Quindi mi ha detto una menzogna?»

Connor si mette a ridere:

«Dovevo immaginare che avrebbe provato a screditarmi, vorrei proprio piazzargli quel pugno che non gli ho dato anni fa».

«Scusa, non avrei dovuto chiedergli nulla, come ti ho detto non deve interessarmi cosa è accaduto tra voi. Immagino che adesso tu sia arrabbiato!», esclamo.

Lui sospira.

«Non sono arrabbiato Lucy, però lavorando da un po' per la *Luxury Cakes* avresti dovuto capire che io non sono quel genere di uomo».

Fa una pausa, poi mi passa la *sac-à-poche*.

«Scusami non vol...».

Mi interrompe posando lievemente un dito sulle mie labbra.

«Non servono scuse, dai rimettiamoci al lavoro!»

Riprendo a farcire i cupcakes, sono decisamente contenta che Connor non sia quel genere di uomo che senza scrupoli ruba il lavoro a un amico.

Mi dispiace solamente di aver dubitato di lui, di quanto sia corretto nel suo lavoro.

In cucina sta cominciando un gran viavai, i ragazzi di Nick portano diverse scatole per alimenti, alcune potrebbero addirittura contenere della mobilia, considerata la mole.

Ho farcito e fatto l'*icing* a tutti i mini cupcakes con particolare meticolosità, adesso sto dando una mano a Connor con la stesura della pasta di zucchero per il dolce nuziale a piani quando la porta si apre ed entra Nick.

«Buongiorno ragazzi, immagino che anche voi avrete parecchio da fare», ci dice lui dando un'occhiata agli scatoloni che hanno appena consegnato.

Connor senza alzare lo sguardo dalla distesa rosa antico di pasta di zucchero che stiamo lavorando sul suo bancone dice:

«Nick, dovresti fare attenzione quando sparli degli altri; non sempre tutti credono a ciò che racconti».

Lui fa finta di nulla, sorride leggermente.

Poi, guarda Connor in cagnesco e, senza replicare, inizia a impartire compiti ai ragazzi.

Tutti lavorano, Lily entra ed esce dalla cucina seguita da una sempre più nervosa signorina Mac Cullivan che continua a ripetere quanto fosse tranquillo il castello senza tutto questo via vai.

«Allora Connor, Lucy, ditemi che almeno qui non avete nessun intoppo perché da quando mi sono alzata stamattina è tutto un disastro. Il fiorista da Inverness ha trovato dei lavori sulla strada e non arriverà prima dell'ora del thè, la ditta che fornisce le stoviglie ha sbagliato la consegna inviandoci porcellane di Limoges écru anziché rosa cipria e la signorina Hondy è scivolata in giardino e adesso ha una mano gonfia come un hamburger. E ovviamente come a ogni matrimonio la sposa è in preda a una crisi isterica che mia sorella Ellie sta cercando di calmare».

Connor le sorride rassicurante.

«Tranquilla Lily, almeno noi non dovremmo avere intoppi».

Poi, aggiunge:

«Dovresti rilassarti, prova a uscire in giardino e che so, telefona al tuo fidanzato o a un'amica e per qualche istante smettila di pensare a questo evento. Vedrai, dopo riuscirai a farci una risata e risolverai questi pasticci che io vedo sempre dietro le quinte di un matrimonio».

Lily lo guarda e sistemandosi la folta capigliatura esclama:

«Grazie, penso che adesso seguirò il tuo consiglio».

Sospira, poi aggiunge:

«Tienitelo stretto, hai un capo incantevole».

Non dico nulla, seguo Lily con lo sguardo e la osservo uscire dalla cucina.

Riprendo a stendere altra pasta di zucchero quando Connor si avvicina al mio orecchio per non farsi sentire da Nick:

«Hai sentito? Esiste ancora qualcuno che riesce a vedere oltre il mio cuore apparentemente di pietra».

Mi volto, siamo vicini, la sua spalla contro la mia, sento il suo respiro sul mio viso e socchiudendo appena gli occhi respiro la sua acqua di colonia che ormai mi sembra familiare.

Lui mi scruta.

Accidenti Connor smettila di guardarmi in questa maniera!, vorrei abbassare lo sguardo ma mi sento come una calamita attirata da lui.

Ma che stai pensando? Smettila Lucy, lui è il tuo capo!, mi dico imponendomi di spostarmi annullando così questo contatto tra noi.

«Dai, cerchiamo di consegnare questa wedding cake, non vorrei rientrare nella lista degli intoppi di Lily!», mi dice ridendo e modellando l'ennesimo fiore di tiarè con il suo spatolino angolato.

Passiamo quasi tutto il giorno a lavorare al dolce che devo proprio ammettere è un incanto, la più deliziosa, raffinata, elegante e di classe torta nuziale a cui abbia lavorato.

«Sei stato davvero magnifico!», gli dico entusiasta facendo alcune foto da aggiungere al portfolio della *Luxury Cakes* ovviamente dopo aver avuto il permesso degli sposi.

Connor mi guarda.

«Vorrai dire "siamo stati", hai fatto un lavoro da professionista, Lucy», fa una pausa e poi aggiunge, «vai a chiamare Lily, spero che le piaccia».

Lily è impegnata con quella che immagino sia sua sorella, a sistemare l'allestimento dei tavoli nel salone.

Mi avvicino, stanno provando sulla tovaglia in lino di fiandra écru alcune ceramiche.

«Scusate, quando vuoi Lily puoi passare a visionare la torta», dico soddisfatta.

«Oh Lucy, non ti avevo neppure sentita entrare. Mi fa molto piacere che quantomeno con il dolce non dovremo risolvere degli intoppi perché è da stamattina che non facciamo altro che sistemare pasticci».

Poi, aggiustandosi lo chignon, aggiunge:

«Lei è mia sorella, Ellie».

«E tu invece sei la deliziosa cake designer che lavora con Connor. Non sono ancora riuscita a vederlo, abbiamo spesso lavorato insieme a diversi eventi», mi dice lei sorridendo.

«È un piacere conoscerti, a Londra sei piuttosto nota. Quando volete noi siamo in cucina».

Sposto lo sguardo sul tavolo che stavano allestendo.

«Scusate se mi intrometto ma perché non provate ad abbinare il sottopiatto rosa antico, che riprende il centrotavola, con il servito écru?», provo a dire.

Lily ed Ellie si guardano.

«Questa idea mi piace», dice Ellie sorridendo e posizionando le stoviglie come le ho consigliato.

«Aspetta che veniamo con te in cucina».

Stamattina noto un certo fermento, tutti sono alle prese con qualche lavoro e nel castello continuano a entrare e uscire corrieri per le consegne.

«Allora, ti piace lavorare con Connor? Immagino che da uno come lui si possa apprendere molto», mi dice Ellie.

«Sì, è un autentico professionista, poter lavorare con lui è davvero interessante».

Apro la pesante porta della cucina, tutti stanno lavorando con attenzione e precisione; anche Connor sembra impegnato a rifinire qualche dettaglio della torta e pare proprio non aver notato Ellie e Lily.

Ellie sorridendo si avvicina alle spalle di Connor.

«È da parecchio che non lavoriamo insieme, adesso sei molto conteso a Londra!»

Connor si volta.

«Ellie? Finalmente ci incontriamo! Non vedevo l'ora di ritrovare la migliore wedding planner del Regno Unito!»

Sorridendo appoggia lo spatolino e corre a stringerla in un abbraccio; sembra davvero contento di rivederla.

Anche lei è visibilmente emozionata.

«È dal mio matrimonio che non ci vediamo! La scorso anno ho sempre lavorato per lo più con Ingrid, tu eri spesso impegnato fuori città», gli dice lei mettendo il broncio.

Connor si passa la mano sul mento:

«Ho lavorato parecchio anche fuori Londra ma come sai ho realizzato tutti i tuoi dolci e ho deciso ogni dettaglio con Ingrid».

Poi ridendo aggiunge:

«Arvy riesce ancora a sopportarti? E la piccola Chloe?»

Ellie gli dà un leggero pugno sulla spalla.

«Per adesso mi sopporta ed è completamente pazzo di Chloe; è un papà incantevole. Tu piuttosto? Quando deciderai di sposarti e mettere su famiglia?»

Connor ride.

«Mi spiace per te ma sai come la penso sui matrimoni».

Parlano ancora, li vedo ridere, poi lui le racconta di Ingrid e della sua spalla.

Ellie e Lily sembrano entusiaste del dolce e del ricco buffet a cui stiamo lavorando.

«Dai, abbiamo parecchio da fare, ci vediamo a cena ragazzi», ci dice Ellie uscendo per andare a sistemare le decorazioni nella sala dove gli sposi si scambieranno gli anelli.

Connor mi guarda:

«Devi sapere che Ellie è una strepitosa wedding planner, non lascia mai niente al caso. È assolutamente scrupolosa».

«Lei e la sorella mi sembrano anche simpatiche, so che a Londra, e non solo, sono molto rinomate».

Faccio una piccola pausa poi cominciando a ripulire alcuni spatolini, aggiungo:

«Penso proprio che se un giorno mi sposassi vorrei che fossero loro le mie wedding planner».

Connor si volta e mi guarda di sottecchi.

«Tu un uomo lo faresti impazzire, Lucy!», mi dice rimettendosi a sistemare qualche dettaglio.

Proseguiamo tutti a lavorare, anche Nick sembra non concedersi neppure una pausa.

Quando abbiamo riguardato tutto il nostro allestimento, dalla torta ai cupcakes, dai mignon ai piccoli dessert e sistemato alcuni particolari saliamo di sopra per poterci riposare un po'.

«Devo ammettere che sei una preziosa assistente. Faccio una doccia e poi scendo per sistemare le Sacher per la cena», mi dice lui entrando nella sua stanza.

Mi tolgo le scarpe e mi lascio cadere sul comodo letto, sono davvero esausta, stiamo lavorando senza sosta.

Mi soffermo qualche istante a guardare la porta che mette in comunicazione le nostre stanze; lo so che è una follia ma sto iniziando a provare qualcosa per lui, qualcosa che mi spingerebbe ad aprire quella porta.

Mi sento attratta da Connor e so che questo è un errore: mai innamorarsi di uno come lui soprattutto se è il mio datore di lavoro. Però non posso fare a meno di chiedermi cosa potrei provare se mi baciasse, sentire le sue mani su di me.

9

Sono uscita dalla doccia che sento bussare alla porta. Mi stringo nella morbida spugna dell'asciugamano e vado ad aprire.

«Oh, scusa non volevo disturbarti», mi dice Ellie vestita in un delizioso abitino in lana grigio con inserti in pizzo.

«Dimmi pure», replico io strofinandomi i capelli con la spugna.

«Ero passata per dirti di metterti qualcosa di elegante, gli sposi vorrebbero anche tu, Connor e Nick per l'aperitivo».

Poi aggiunge:

«Puoi dirlo a Connor? Ho provato a bussargli ma non era in camera. Scusa ma devo ancora rivedere alcuni dettagli».

La guardo scendere le scale con andatura elegante nonostante gli alti tacchi, se indossassi io quelle décolleté avrei già ruzzolato tutta la scalinata, penso cominciando ad asciugarmi i capelli.

Mi sto truccando quando sento la porta di Connor chiudersi seguita da alcuni rumori.

Mi avvicino all'imposta e provo a bussare.

Dopo qualche istante Connor mi apre. Noto che si sofferma con lo sguardo sul mio viso.

«Adesso cos'hai combinato?», mi chiede.

«Per adesso niente; mi ha chiesto Ellie di dirti di indossare qualcosa di elegante perché gli sposi vorrebbero che anche noi prendessimo parte all'aperitivo».

«Immagino che lo avranno chiesto anche allo chef!», mi chiede già nervoso.

«Penso che l'invito sia rivolto pure a lui», provo a dire.

Connor si avvicina, posa la mano sulla mia spalla nuda scoperta dall'accappatoio. Al suo tocco sento una scarica elettrica percorrermi la schiena, sollevo lo sguardo e mi ritrovo a perdermi in quegli occhi verdi.

«Non farmi aspettare, mi cambio e scendiamo subito di sotto. Quando salivo ho notato che stavano iniziando con i cocktail», mi dice entrando in camera.

Ovviamente quando ho preparato la valigia per venire in Scozia non immaginavo certo che avrei partecipato a un party di celebrities e nel mio guardaroba non ho nulla di elegante: solo jeans, cardigan, ancora jeans.

Poi ricordo di aver portato anche un abitino grigio; anche se un po' spiegazzato lo indosso. È piuttosto semplice anche se di classe, la schiena è scoperta, le maniche in pizzo sono lunghe, ha un lieve spacco e scivola morbido sui miei fianchi.

Prendo una stola del medesimo colore e dopo aver pettinato i capelli in uno chignon e aver ritoccato il gloss e il mascara provo a mettere le uniche scarpe che non siano Converse o sneakers.

Mi guardo allo specchio: potrei anche essere passabile se non fosse per le ballerine, con questo outfit avrei dovuto mettere dei tacchi.

Pazienza, non siamo qua per mettere in mostra i nostri abiti, penso tra me quando sento bussare alla porta.

Connor mi guarda; indossa un completo giacca pantalone, sulla camicia noto le sue iniziali, ai polsini dei gemelli smaltati.

Si è appena fatto la barba, sento l'odore del suo after-shave, accidenti è proprio affascinante.

Lui mi guarda e sorride.

«Dobbiamo trovarti delle scarpe Lucy, quelle proprio non ci stanno».

Mi prende per mano e ci incamminiamo giù per le scale.

Mi sembra tanto di essere Julia Roberts in Pretty Woman quando Richard Gere l'accompagna in quella boutique in Rodeo Drive per farle acquistare degli abiti adatti.

«Scusa dove pensi di potermi trovare delle scarpe?», azzardo io ridendo.

Lui si volta e mi guarda.

«Stiamo andando a cercare una donna che ha un'autentica mania per i tacchi! Vedrai, se avete la stessa misura di scarpa avrai l'imbarazzo della scelta».

Ecco che la troviamo, Ellie sta dirigendo i "lavori" al piano di sotto; si divide tra gli invitati, miss Mac Cullivan, il signor Saroche e le richieste della sposa.

Quando ci vede, Connor le fa cenno di avvicinarsi.

«Scusate ragazzi ma siamo alle prese con una tonalità di rose che non sembra rispecchiare la richiesta di Wendy», ci dice facendo una smorfia.

«Ditemi pure».

«Se non sbaglio un tempo nutrivi una certa passione per i tacchi», fa una piccola pausa puntando l'indice a indicare le mie deliziose ballerine e riprende a dire:

«Come puoi vedere a Lucy servirebbero delle scarpe diverse da queste e mi chiedevo se tu gliene potessi prestare un paio».

Mi scruta i piedi, sorride e ci fa cenno con la mano.

«Ne hai proprio bisogno, cara! Seguitemi, penso di avere qualcosa di perfetto».

Ci apre la porta della sua stanza e prende dall'armadio un paio di décolleté con strass e tacco alto.

«Provale e senti se ti possono andare», mi dice porgendomele. Poi, prosegue a dire:

«Devo proprio andare a vedere se Lily è riuscita a gestire il capriccio della sposa».

La guardiamo chiudersi la porta alle spalle.

«Su, indossale», mi sprona Connor.

Mi siedo sul pouf accanto alla toeletta e le calzo; a quanto pare Ellie e io portiamo la stessa misura. Le scarpe sono davvero incantevoli, sembrano proprio le scarpette di cristallo di Cenerentola. Sono trasparenti e decorate con strass; l'unica differenza è la "classica" suola rossa.

«Accidenti non avevo mai indossato delle Louboutin!», esclamo.

Il mio capo mi guarda.

«Devo ammettere che sei splendida».

Arrossisco, non sono abituata a questo genere di complimenti soprattutto da parte di Connor che, sì o no, fino a qualche settimana fa mi rivolgeva a stento qualche parola.

«Grazie».

Siamo sulla porta della stanza di Ellie, stasera non riesco proprio a spostare lo sguardo dal mio accompagnatore.

Sono attratta da lui e probabilmente, se non fosse Connor O'reel, il mio capo, e io la sua assistente un po' sbadata e non ci trovassimo qua per lavoro ma in un locale a Londra, mi avvicinerei, e con un po' di timidezza...

«Tutto a posto?», mi dice lui distogliendomi dai miei pensieri avvicinandosi quel tanto da annullare la distanza minima di sicurezza tra un uomo e una donna.

«Certo, scendiamo; Ellie si starà domandando dove siamo».

Camminare su questi tacchi non è affatto semplice per una come me; provo a scendere appena qualche gradino che sto per cadere.

Connor mi afferra per la spalla.

«Vuoi proprio rotolarla questa scalinata, eh?», esclama prendendomi ancora per mano.

Accidenti, che sto combinando? Perché non riesco a non pensare che alla sua mano stretta alla mia? Perché quando lo guardo sento uno sfarfallio nello stomaco?

No Lucy, per favore, non guardarlo in quella maniera, mi ripeto entrando nella grande sala.

Vedo alcuni volti noti di Hollywood in abiti griffati e luccicanti, non avrei immaginato proprio di passare una serata con personaggi soliti a calcare i *red carpets*.

Noto poi la signorina Mac Cullivan parlottare con il signor Saroche che nel suo completo inamidato e l'auricolare nell'orecchio controlla che tutto prosegua tranquillo e Lily ed Ellie indaffarate a rivedere ogni dettaglio.

Nick è appena uscito dalla cucina per parlare con un'attrice di una nota serie TV americana.

Connor prende un calice di prosecco e me lo porge.

«Oh, grazie anche se non sono solita bere».

Fa tintinnare il suo calice con il mio.

«*Cheers*», mi dice sorridendo.

Una ragazza alta, capelli cenere pettinati in morbide onde che le ricadono sulla schiena, truccata in modo elegante e sofisticato e fasciata in un abito verde con uno spacco vertiginoso, si avvicina a noi.

«Connor! Non sapevo che Wendy avesse proprio tu come cake designer!», dice stringendolo in un abbraccio.

«Oh, Katrina, come stai?»

La ragazza, che immagino abbia poco più di vent'anni, risponde:

«Sto lavorando parecchio: un film, il suo sequel e una serie TV».

Fa una pausa poi aggiunge:

«Non passo da Londra da un po', dalla première dello scorso anno, altrimenti ti avrei chiamato».

Quel "ti avrei chiamato" sembra un tantino allusivo e poi vuol dire che ha il suo numero di cellulare.

In più, continua anche a toccarlo, non riesce a parlare senza mettergli le mani addosso e questo mi infastidisce.

Lucy non puoi essere gelosa, Connor è solamente il tuo capo, continuo a ripetermi.

«Katrina, lei è Lucy Cennevan la mia assistente», gli dice Connor guardandomi.

La ragazza mi rivolge appena un "piacere, Lucy" e riprende a parlare con lui.

Io mi avvicino al corner degli aperitivi e di tanto in tanto volgo lo sguardo a osservarli: Katrina ride, parla, ride ancora, gli mette la mano sulla spalla, ride di nuovo.

«Tutta sola principessa?»

Mi volto: Nick in un elegante smoking mi sta guardando sfoggiando un sorriso malizioso.

«Oh, ciao Nick», gli rispondo io un po' delusa.

Lui si avvicina al mio orecchio e sussurra:

«Sei stupenda, il tuo cavaliere non dovrebbe lasciare un tesoro tanto prezioso da solo».

Mi sposto un po' in imbarazzo.

«Non è il mio cavaliere, lo sai che lavoriamo insieme e nient'altro».

«Dici? Lavori con lui e nient'altro? immagino che ti piacerebbe essere qualcos'altro per il nostro O'Reel ma a quanto vedo anche Katrina Junser vorrebbe tornare nel suo letto».

Tornare nel suo letto? Quindi Connor e Katrina hanno avuto una storia!

Nick mi guarda, probabilmente nota il mio sgomento.

«Pensavo che lo sapessi: la star della serie TV *Lucky* e il rinomato cake designer inglese hanno fatto vendere parecchi rotocalchi con la loro storia d'amore. Poi si sono lasciati ma a quanto pare lei nutre ancora un certo sentimento per il tuo capo».

Prende un altro calice.

«Ti va di andare a parlare in giardino?», mi domanda.

Non riesco a rispondere che qualcuno alle nostre spalle dice:

«Mi dispiace Nick ma Lucy e io dobbiamo sistemare una cosa».

Mi volto, Connor ci sta guardando; allunga la mano attirandomi a sé.

Nick resta qualche istante a fissare Connor e la sua mano stretta alla mia poi prende l'ennesimo calice di prosecco e voltandosi dice:

«O'Reel proprio non ti capisco, potevi passare una serata piacevole con Katrina. Magari una sana scopata ti avrebbe potuto rilassare e invece preferisci dar fastidio a noi».

Poi mi sorride e aggiunge:

«Ci vediamo *ma chère*, se dopo aver sistemato questa cosa di lavoro hai voglia, io sono qua».

Si mescola agli invitati soffermandosi a parlare con qualche *celebrity* dispensando sorrisi ammiccanti.

Connor mi guarda.

«Quello proprio non lo tollero».

Si avvicina un altro po', posa la mano sulla mia guancia e i nostri occhi si trovano. Respiro il profumo del suo after-shave, sento il suo respiro sul mio viso.

Non ha intenzione di spostare lo sguardo, dalle mie labbra, dai miei occhi.

Si sentono in sottofondo le risa e il chiacchiericcio degli invitati, il tintinnio dei calici e la musica.

Connor si avvicina ancora, praticamente sento il suo addome contro di me.

La sua bocca si avvicina ancora, le nostre labbra stanno quasi per sfiorarsi, sento una scossa elettrica lungo la schiena, socchiudo gli occhi certa che le nostre bocche si uniranno in un bacio quando si sentono delle grida.

Di soprassalto ci spostiamo entrambi, nella sala nessuno parla, tutti guardano verso la porta.

Si sentono altre grida, non si riesce a distinguere cosa stiano dicendo, poi il rumore di un vetro in frantumi e ancora altre grida.

Ellie e la signorina Mac Cullivan si dirigono verso la scalinata seguita da alcuni invitati.

Lentamente tutti si stanno avvicinando alla porta per poter intravedere o poter carpire qualcosa.

Sento la signorina Mac Cullivan parlare con Ellie di una finestra, poi altri rumori e Wendy che in preda a una crisi isterica grida cose incomprensibile.

Anche noi ci avviciniamo sulla porta, la madre della sposa e la sorella di Wendy stanno salendo la scala per poter vedere cosa stia accadendo.

Poi scorgiamo Wendy paonazza con il viso rigato dalle lacrime e il trucco ormai rovinato, scendere giù seguita da Ellie che continua a ripeterle di respirare.

«Ma che sta succedendo?», continua a ripete la madre di Wendy a Ellie.

«Signora, cerchiamo tutti quanti di rilassarci!», le risponde lei.

Wendy sembra non avere intenzione di seguire quanto le continua a ripetere la sua wedding planner.

«Cazzo Ellie, come faccio a rilassarmi?», grida.

«Quello è un farabutto, uno stronzo, un maiale».

La madre di Wendy sembra non capire di cosa stia parlando.

Ellie chiede alla sorella un bicchiere d'acqua per la signora Polston e per la sposa.

«Wendy, tesoro, cerca di calmarti. Immagino quanto tu adesso sia in collera ma proviamo ad ascoltare cos'ha da replicare».

«Non voglio neppure vederlo, anzi cacciate lui e quella sgualdrina dal castello».

Mi volto a guardare Connor.

«Tu hai capito qualcosa?»

«Non ne ho idea ma immagino che lo sposo non sia estraneo a questo scompiglio».

Wendy prosegue a gridare, le uniche cose che riusciamo a capire sono insulti: "stronzo, porco, ancora stronzo e sgualdrina".

Tutti si avvicinano a Wendy e a Ellie che le continua a ripetere di respirare.

Poi sentiamo altri rumori e vediamo lo sposo scendere la scala.

È a piedi nudi, la camicia sbottonata che gli esce dai pantaloni del completo di Calvin Klein.

«Amore, per favore ascoltami; posso spiegarti», prova a dire.

Wendy appena lo vede corre su per la scala e come una pazza inizia a colpirlo con pugni e calci.

«Cosa mi devi spiegare, eh?», dice lei gridando e continuando a piazzargli dei pugni.

«Non devi neppure parlarmi! Sei solo uno stronzo! Cosa vuoi fare? Vuoi spiegare a tutti cosa stava facendo Stefy nuda su di te nella nostra suite o forse preferisci illustrarci quale posizione del kamasutra stavate provando? Perché immagino che tutti siano parecchio interessati a questo!»

Mi volto a guardare Connor.

«Nooo! la stava tradendo? Penso che adesso Ellie abbia parecchi grattacapi!»

Connor mi guarda.

«Penso proprio che qua, invece, nessuno convolerà a nozze!»

Oltre alle grida della sposa anche alcuni familiari e amici stanno battibeccando tra loro, i parenti di lei insultano lo sposo e quelli di lui fanno lo stesso con Wendy sospinti da motivazioni stupide e irrilevanti.

Lily e la signorina Mac Cullivan stanno cercando di separare le due fazioni aiutata dal signor Saroche e dai suoi ragazzi che sono anche dovuti intervenire per sedare una scazzottata tra il fratello dello sposo e il migliore amico di Wendy.

Ellie è invece chiusa con Wendy nella sua stanza.

Connor e io decidiamo di andare in cucina per prepararci almeno un caffè o un thè.

Anche Mat e Camilton ci hanno seguiti.

«Ragazzi immagino che questo mancato matrimonio si piazzerà ugualmente su tutte le riviste di gossip del paese e d'oltreoceano».

Mat dà un morso a un cupcake che dovevamo ancora farcire e aggiunge:

«Avete notato con quale abilità il signor Saroche ha diviso i "guerriglieri"? Anche se non è più un ragazzo sembrava Jean-Claude Van Damme».

Si mette in bocca un altro cupcake e ridendo prosegue:

«Quando si sono presi a pugni sembrava quasi di essere nel Far West».

Connor prende i filtri del thè.

«Thè o caffè?», ci domanda.

«Io thè, grazie», gli rispondo.

«Io invece un caffè», esclama Camilton.

«Ragazzi, vado a vedere se riesco a trovare del Whiskey. L'altra sera ero sceso per prendere la reflex, che avevo scordato nello studio, e ho notato che la signorina Mac Cullivan si versava del delizioso whiskey scozzese».

Per qualche istante restiamo lì, al nostro bancone, Camilton e Connor con il loro espresso e io con la mia tazza di thè.

Guardo il cucchiaino creare "delle spirali" nel mescolare lo zucchero e ripenso alle sue labbra che si avvicinavano alle mie come a volerle sfiorare con un bacio.

Mi chiedo se avesse avuto il desiderio di baciarmi, se anche Connor quando impercettibilmente ci tocchiamo prova qualcosa.

Camilton mi distoglie dai miei pensieri.

«Ragazzi io vado a dormire, buonanotte».

«Buonanotte».

Rimaniamo ancora un po' in cucina, io con il mio thè e lui con la tazzina del caffè.

«Direi che dopo questa serata movimentata dovremmo andare a letto».

«Almeno potrò togliermi queste scarpe! Non sono affatto abituata ai tacchi anche se queste sono incantevoli», gli dico abbassando lo sguardo sulle décolleté.

Il castello adesso è tranquillo, nessun rumore, nessuno che grida, forse tutti sono nelle loro stanze.

Stiamo salendo la scalinata quando metto il piede su qualcosa di scivoloso.

Provo ad afferrare il corrimano ma niente, cado rotolando giù per le scale.

10

«Lucy, sei tutta intera?»

Apro gli occhi, Connor mi sta guardando.

«Penso di non essermi fatta nulla se non qualche piccola ammaccatura», gli rispondo passandomi la mano sulla spalla.

Mi porge la sua mano, io l'afferro e provo a rialzarmi, ma appena faccio pressione sul piede sento una fitta alla caviglia.

«Cazzo, penso di essermi fatta una distorsione!»

Non riesco ad aggiungere altro che Connor mi solleva.

«Posso provare lo stesso a salire le scale se tu mi dai una mano».

Lui sorridendo replica.

«Posso portarti io, non vedi che il piede sta già gonfiando?»

Sento le sue mani su di me, una tra l'orlo del vestito e le mie cosce e l'altra che mi sorregge intorno ai fianchi.

Respiro l'odore della sua acqua di colonia, alzo appena lo sguardo sul suo viso così incredibilmente incantevole.

I lineamenti delicati, gli occhi di un verde intenso e la bocca che sembra essere disegnata dalla mano esperta di un artista.

Non posso fare a meno di chiedermi come sarebbe sentire le sue labbra sulle mie, il suo sapore.

Siamo davanti alla porta della sua stanza, lui senza mettermi giù prende dalla tasca dei pantaloni la chiave.

Entriamo, mi fa distendere sul suo letto.

«Dovrei avere della pomata di arnica, è un vecchio rimedio galenico che prepara ancora una piccola erboristeria nei pressi di *Covent Garden*».

Va in bagno e dopo alcuni istanti ritorna con un vasetto in vetro su cui è incollata un'etichetta scritta a mano con un'elegante calligrafia.

«Sapevo di averla portata, è utile anche per i piccoli infortuni in cucina e ovviamente anche per gli strappi muscolari».

«Grazie davvero, a quanto pare ho messo il piede su una delle tante cose che Wendy ha gettato sulla scala».

Connor si siede sul letto.

«Quella scalinata però è da quando siamo arrivati che volevi rotolarla, ci hai provato e riprovato e poi ovviamente ci sei riuscita».

Ci guardiamo e ci mettiamo a ridere.

Dal vestito si intravede il pizzo elastico delle autoreggenti, lui con abilità lentamente mi sfila la calza.

Non dico niente, so solo che potrei impazzire se continuasse a sfiorami.

Poi prende dal vasetto la pomata e con movimenti lenti e circolari mi massaggia il piede salendo su, fino alla caviglia.

Sento le sue mani, le sue dita che si muovono con destrezza su di me.

«Non ho nulla per fasciarti il piede, ma vedrai che avendo messo subito questo unguento il gonfiore dovrebbe riassorbirsi e già quando ti sveglierai dovresti poter camminare», mi dice alzando lo sguardo sul mio viso.

«Grazie. Non immaginavo che sapessi anche fare fasciature e quant'altro».

Vedo affiorare un lieve sorriso sulle sue labbra.

«Quando ero al College e giocavo nella squadra di Football spesso mi sono ritrovato a passare dall'infermeria per distorsioni e piccole contusioni quindi posso dire di avere una certa esperienza.

L'ultimo anno ero io a medicare i miei compagni di squadra», fa una piccola pausa e poi aggiunge:

«Se non avessi scelto questo lavoro penso che mi sarebbe anche piaciuto fare il fisioterapista in qualche squadra».

«Io invece penso che avrei scelto ancora il cake design o magari avrei aperto una piccola pasticceria in un paesino sul mare simile a Porthcurno dove si è trasferita mia sorella Peggy. Avrei preparato cupcakes e muffin per le anziane del paese che sarebbero venute ogni giorno per prendere un thè.

I ragazzi avrebbero studiato lì, a un tavolino mangiando pasticcini al cocco e mi avrebbero raccontato delle loro cotte.

Sì, forse se Ingrid non mi avesse selezionata per la *Luxury Cakes* è questo che avrei fatto».

Per qualche istante non diciamo nulla poi sono io ad alzarmi facendo attenzione a non caricare il piede malconcio.

«Grazie per la pomata. Io adesso vado, buonanotte».

Anche lui si alza, indugio sulla porta che separa le nostre stanze e poi girando il pomello ripeto:

«Buonanotte».

Connor mi guarda.

Sembrerebbe quasi che mi volesse trattenere lì con lui ma forse questo è semplicemente quello che la mia fantasia sognerebbe.

«Buonanotte, Lucy», mi dice quando mi sto chiudendo la porta alle spalle.

Appoggio le spalle alla porta e socchiudo gli occhi.

Accidenti, perché non riesco a non pensare che a lui, alle sue labbra e alle sue mani?

Perché sento il desiderio di assaporare le sue labbra?

No, devo smetterla di pensare a lui, mi ripeto.

Sento bussare.

Apro la porta: Connor si è tolto la giacca, le maniche della camicia sono arrotolate, mi guarda e mi porge il vasetto della pomata.

«Ho pensato che dovresti rimetterla quando ti svegli».

«Ah, grazie mille».

Restiamo ancora lì a guardarci per qualche istante, vorrei che mi attirasse a sé e mi baciasse. Lui fa per avvicinarsi ma poi indietreggia e dice:

«Buonanotte».

La porta si chiude ancora.

Respiro e no, stanotte non seguirò la razionalità ma il cuore. Con impeto apro la porta.

Connor mi guarda, vorrei avvicinarmi e, senza pensare a nulla, posare le mie labbra sulla sue.

Vorrei fare questo ma invece mi sento dire:

«Scusa ma sono passata per riprendere le scarpe, sai sono delle Louboutin e immagino che Ellie non gradirebbe se gliele smarrissi». Penso di aver appena detto una cazzata epocale, vorrei capire cosa mi passava per la testa per proferire una cosa tanto assurda.

Connor si china a raccogliere le eleganti décolleté e me le passa.

Le nostre mani si sfiorano; so che se i nostri occhi si trovassero adesso non sarei capace di uscire da questa stanza.

Senza spostare lo sguardo dalle scarpe che tengo in mano, faccio per aprire di nuovo la porta quando Connor mi trattiene per la spalla.

Mi volto.

Lo guardo, lui fissa il mio viso.

«So che quello che sto per fare è un errore, ma se tu adesso uscissi da questa stanza impazzirei, non riesco a non pensare ad altro che a te».

Con un sussurro rispondo:

«Gli errori mi sono sempre piaciuti».

Prendo un bel respiro.

«E adesso smettila di parlare».

Mi attira a sé, in un istante lascio cadere le scarpe sul tappeto e con impeto preme le sue labbra sulle mie.

Ci baciamo con passione, sento le sue mani che si muovono sulla mia schiena, scendono e risalgono lente sulla pelle nuda scoperta dal mio vestito.

Mi solleva, io gli cingo i fianchi con le gambe, sento la sua mano sulla mia coscia.

Tra un bacio e l'altro ci ritroviamo sul letto, lui è proteso su di me.

Per un istante smette di baciarmi e quasi sulla mia bocca mi chiede:

«Puoi sempre fermarmi, possiamo ancora tornare ad essere tu la mia assistente e io il datore di lavoro».

Scuoto la testa.

«Non hai capito, quello che voglio è solo essere tua, adesso».

Si sofferma a guardarmi, mi sfiora la guancia e poi riprende a baciarmi.

È un bacio lento che si prende tutto il tempo che vuole, come se non esistesse niente al di fuori delle nostre labbra e delle nostre mani.

Mi sfila il vestito senza staccarsi dalla mia bocca, poi i suoi baci iniziano a scendere giù, lungo la mia clavicola sino al pizzo del reggiseno.

Con abilità me lo toglie e quando le sue dita mi toccano mi sembra quasi di impazzire.

Riesco a far uscire i bottoni della sua camicia dalle asole e a gettarla sul tappeto, stessa cosa per i pantaloni.

Mi solleva mettendomi sopra di lui continuando a toccarmi e senza staccare le sue labbra dalle mie.

Le sue mani si muovono lente sulle mie cosce con abilità, i suoi baci mi catturano.

Sento i muscoli del suo addome tendersi a ogni mio tocco, poi mi fa sdraiare di nuovo e le sue dita si intrufolano sotto il pizzo degli slip.

Voglio fare l'amore con lui, perdermi completamente tra le sue braccia.

Quando ormai nessun indumento ci separa, con le dita sposta una ciocca di capelli dal mio viso.

I miei occhi sono fissi nei suoi.

«Ti voglio Lucy», mi sussurra sulle labbra.

La mia risposta è un semplice e onesto:

«Per favore, fai l'amore con me».

Lui non se lo fa ripetere.

Siamo nel suo letto, il mio viso appoggiato alla sua spalla, le mie gambe tra le sue, la sua mano che mi accarezza la guancia.

Restiamo lì per un po', senza dire nulla, cullati dal regolare rumore della pioggia e del vento contro le imposte delle finestre.

Non vorrei che essere qui, tra le sue braccia.

Connor si volta appena, vedo spuntare un sorriso sulle sue labbra.

Poi esclama:

«Sai, quando Ingrid mi ha proposto di portarti qua in Scozia pensavo che tu non fossi adatta e che non avresti fatto altro che disastri. Non avevi esperienza per un lavoro impegnativo come questo.

Poi però ho notato che ti muovevi con abilità in cucina e che riuscivi a starmi dietro; ho cominciato così a vederti con occhi diversi».

Fa una pausa, poi riprende:

«Sei l'unica che mi ha fatto notare che spesso non sono esattamente "cortese" e forse, questa tua sfrontatezza, mi ha conquistato.

È strano sai, a Londra lavoravamo insieme da tempo ma non mi accorgevo di te e qui invece è scattato subito qualcosa».

Continua ad accarezzarmi la guancia, poi mi dà un lieve bacio sulle labbra e ridendo aggiunge:

«Mi chiedo se adesso saremmo qua lo stesso, io e te in questo letto, se tu non fossi caduta!»

Mi sollevo appena, quel tanto per poterlo guardare in quei suoi occhi tanto intensi e sensuali.

«Sai, forse se avessi tenuto le mie ballerine non avrei rotolato giù dalla scala; forse è colpa delle Louboutin di Ellie, dei suoi tacchi».

Connor mi attira a sé.

«Sai che ti dico? Che amo quelle scarpe».

Posa di nuova la bocca sulla mia e ricomincia a baciarmi.

«Non sappiamo neppure che ore sono! Forse dovremmo alzarci», provo a dire io sulle sue labbra.

Si sposta appena.

«Abbiamo tutto il tempo che vogliamo, immagino che stamattina nessuno si sposerà e io non ho intenzione di farti uscire da questa stanza ancora per un po'».

Sorrido perdendomi tra i suoi baci.

Quando abbiamo iniziato a sentire dei rumori e il continuo parlottare della signorina Mac Cullivan, abbiamo intuito che ormai tutti si stavano alzando.

Io sono sgattaiolata nella mia stanza per farmi una doccia e adesso, dopo essermi messa il primo jeans e cardigan che ho trovato, sto scendendo le scale insieme a Connor.

La caviglia è ancora un po' dolente, la pomata che mi ha dato però è stata davvero preziosa anche se forse avrei dovuto tenere il piede "in scarico".

«Non ti ho neppure domandato come andava la tua caviglia!», esclama dandomi una mano a scendere le scale.

Lo guardo e non posso che sorridere.

«È appena un po' dolente».

Poi, mi avvicino a lui e gli dico piano:

«Sai, stanotte non ho riposato granché».

Lui mi guarda.

«Spero che tu abbia avuto una valida ragione per non dormire!»

«Direi più che valida», gli rispondo io ridendo.

Di sotto troviamo il signor Saroche con i suoi ragazzi.

«Buongiorno William, sa che dobbiamo fare?», chiede Connor.

«Oh, buongiorno, qua la situazione rispetto agli scontri di ieri sembra tranquilla; ho parlato con le signorine Chester e anche loro però non hanno idea di cosa fare».

Poi vedendomi zoppicare mi chiede:

«Cos'ha fatto al piede, signorina Lucy?»

«Oh, niente di che, sono caduta ieri sera sulla scala, mi sono fatta una distorsione».

«Deve fare attenzione soprattutto quando calza i tacchi, se la memoria non mi inganna ieri sera portava dei tacchi considerevoli», puntualizza lui.

Ellie e Lily, seguite dalla signorina Mac Cullivan, si avvicinano.

«Buongiorno a tutti, ho appena parlato con Wendy, ovviamente come avrete già intuito nessuno si sposerà; quindi fatta eccezione per il signor Saroche, che vogliamo qua al castello, qualora dovesse sedare nuovi scontri, tutti gli altri oggi possono fare ciò che preferiscono».

Ellie si aggiusta lo chignon e prosegue:

«Nick è appena uscito per fare una passeggiata, mi pare che fosse con Teddy Verandin, anche Mat e Camilton hanno approfittato di questa giornata tersa per andare a fare qualche scatto al paesaggio qua intorno».

Connor si volta a guardarmi.

«Direi di prendere una guida della Scozia e fare una gita».

Poi domanda:

«Signorina Mac Cullivan, dove ci suggerisce di andare?»

«È ovvio, l'isola di Skye, ve ne innamorerete».

11

Siamo in macchina, la radio passa alcune canzoni del momento, Connor e io ci troviamo a cantare *Afterglow* di Ed Sheeran.

Posa la mano sulla mia coscia e me l'accarezza delicatamente come se fosse una cosa abituale tra noi.

È una giornata incantevole, la strada costeggia un lago, poi si inerpica su di un promontorio per poi ricominciare a scendere.

Ecco che davanti a noi si scorge il mare e la costa dell'isola.

«Lucy, guarda cos'ha scritto la signorina Mac Cullivan sulla guida; mi pare che abbia parlato di un piccolo traghetto che collega il territorio scozzese con Skye».

Apro la guida un po' logora dall'usura.

«La sua calligrafia non è molto leggibile mi pare abbia scritto di prendere il traghetto a Glenelg o qualcosa di simile o in alternativa possiamo percorrere un ponte per arrivare sull'isola».

Connor accosta e prova a digitare sul navigatore il porto da cui dovremmo imbarcarci sul traghetto.

«Sembra che non disti molto».

Si protende verso di me per posare le sue labbra sulle mie.

«Adesso possiamo rimetterci in moto».

Il paesaggio tutt'intorno è incantevole, sembra quasi di essere in un'epoca diversa, dove il tempo si è fermato,

Ecco, che arriviamo al porticciolo di Glenelg.

Scendiamo e Connor si avvicina alla biglietteria.

«Buongiorno, vorremo andare sull'isola».

L'uomo, capelli bianchi, viso abbronzato, probabilmente un pescatore locale, ci guarda.

«Non se ne vedono di turisti in questa stagione, sa?»

Poi prende da un carnet dei biglietti e ce li passa.

«Ecco, potete salire con l'auto sul traghetto è uno dei pochi rimasti a piattaforma girevole di tutta la Scozia. Ci impiega una mezz'oretta per attraversare questo braccio di mare, quando arrivate sull'isola seguite la strada panoramica fino a Portree».

Si passa la mano sul mento.

«Per rientrare potete riprendere il traghetto o, se volete vedere qualcos'altro, passate dal ponte. Buona giornata a Skye».

«Grazie, buona giornata anche a lei».

Fermiamo la macchina sulla piattaforma, e dopo alcuni istanti il traghetto salpa dal porticciolo.

Connor e io scendiamo dall'auto e ci avviciniamo al parapetto di protezione.

Si riesce a vedere l'intera costa dell'isola, le sue insenature, il mare che lambisce la spiaggia e i suoi paesaggi incantati.

Un leggero vento ci accarezza le guance, mi volto a guardare Connor.

«Mi sembra quasi di essere in una delle favole Disney che tanto mi piacciono».

Faccio una piccola pausa e poi aggiungo:

«Tu e io in quest'isola, ancora non riesco a crederci. Forse sto sognando?»

Connor posa la mano sul mio viso e mi attira a sé.

«Non stai sognando affatto, non so come, ma sei riuscita a farmi perdere la testa e questo non è da me».

Posa la sue labbra sulle mie e restiamo lì, in piedi appoggiati al parapetto di protezione, a baciarci accarezzati soltanto da un vento che sa di mare e di noi.

Quando il traghetto si ferma saliamo in macchina e iniziamo a percorre una strada a una sola corsia simile a quelle delle campagne inglesi delle *Cotswolds*.

Si vede una natura rigogliosa nonostante la stagione, qua e là alcune abitazioni.

Pian, piano la strada inizia a scendere, si scorge l'insenatura dove sorge il piccolo paese di pescatori di Portree.

Scendiamo dalla macchina, qui in questa zona riparata a ridosso della collina non si sente il vento e il clima è mite. Connor si lega il piumino leggero sui fianchi, anch'io faccio lo stesso e ci incamminiamo per le viuzze in ciottoli mano nella mano come dei qualsiasi turisti innamorati.

Vediamo una serie di negozietti che vendono classici prodotti locali: dalle saponette fatte a mano alle conserve, dalle tele che ritraggono paesaggi dell'isola a sciarpe e maglioni lavorati con la lana delle Shetland.

Mi soffermo a guardare alcuni dipinti quando Connor mi dice:

«Aspettami qua».

Sorrido tra me, accidenti penso proprio che mi sto innamorando di lui, del mio scontroso e affascinante capo.

Mi soffermo a guardare alcune vetrine poi mi siedo su una comoda panchina a prendere un po' di sole.

Alzo la testa e osservo alcuni gabbiani che giocano sui tetti di una palazzina color celeste.

Sento delle mani che mi cingono i fianchi.

«Sono tornato, tieni, questo è per te», mi dice dandomi un fugace bacio sull'incavo della spalla.

Guardo il pacchetto e sulle mie labbra affiora un sorriso.

«Grazie, Connor».

Apro il mio regalo, è una sciarpa in lana lavorata a mano di colore rosa cipria con le nostre iniziali ricamate.

Connor quasi sulla mia bocca mi dice:

«Così, quando torneremo a Londra e passeggerai spedita nel parco per arrivare al lavoro e sarai come al solito in ritardo, ti ricorderai di noi e di quest'isola».

Sorrido.

«Non pensavo che lo scontroso maestro pasticcere Connor O'Reel fosse sotto sotto romantico», replico baciandolo.

Camminiamo per il paese, per le sue vie colorate, poi ci fermiamo a comprare del delizioso *fish and chips* in un piccolo chiosco sul porto.

Ci sediamo a gustarci il nostro pranzo sui gradini che portano alla spiaggia, dei gabbiani piuttosto amichevoli si avvicinano nella speranza di racimolare qualcosa.

«Connor O'Reel che mangia *fish and chips* in coni di carta seduto su una scalinata in compagnia di alcuni gabbiani! Questo potrebbe guadagnarsi le copertine di parecchie riviste di gossip, altro che il matrimonio annullato di Wendy Polston!», gli dico io ridendo.

Lui si volta.

«E potremmo pure aggiungere in compagnia di una ragazza incredibilmente sexy che gli ha fatto perdere la testa», sottolinea lui.

Forse sto ancora dormendo e questo è solo un sogno, ma Connor mi ha ripetuto ancora di aver perso la testa per me!

Rimaniamo ancora un po' lì, il rumore delle onde del mare che si infrangono sulla spiaggia, Connor si sdraia appoggiando la testa sulle mie cosce.

Io gli accarezzo il viso, sento un lieve accenno di barba che lo rende davvero sexy.

«Questo paesino mi ricorda un po' Porthcurno, la località della Cornovaglia in cui si è trasferita mia sorella».

«Dovremmo andarci, anch'io amo la Cornovaglia».

Per qualche istante non parliamo poi gli chiedo:

«Posso chiederti perché non parli mai di te? A parte Ingrid nessuno alla *Luxury Cakes* sa niente».

Si volta appena per guardarmi e inizia a dire:

«Devi sapere che mio padre faceva parte di una ricca famiglia e quando lui si innamorò di mia mamma, figlia della governante e del maggiordomo, tutti cercarono di ostacolarli. Era uno scandalo che il rampollo di famiglia si fosse innamorato di una ragazza di umili origini».

Fa una pausa e aggiunge:

«Mia mamma restò incinta, mio padre decise inizialmente di rimanere con lei ma poi preferì tornare alla vita ricca e agiata abbandonandoci. Praticamente non mi ha neppure mai tenuto in braccio.

Sono stato un bambino amato, mia mamma mi ha dato tutto l'amore che potevo desiderare ma spesso però non avevamo neppure i soldi per pagare l'affitto. Ci davano una mano i miei nonni e per poterci mantenere faceva la cameriera in un ristorante nei pressi di *Piccadilly Circus*.

Io da bambino passavo parecchio tempo nelle cucine. Mi ricordo ancora che il cuoco, il signor Ruddy, faceva una deliziosa Sacher, mi piaceva guardarlo lavorare, ed è stato lui a insegnarmi a preparare il suo impasto. Forse è proprio lì, in quella cucina, che è iniziata la mia passione per i dolci».

Mi guarda, mi prende la mano e inizia ad accarezzarla; poi prosegue:

«Mi sono sempre impegnato nello studio, dopo la *Culinary Academy* di Glasgow iniziai a lavorare in varie pasticcerie di lusso e poi appena ebbi l'occasione aprii la *Luxury Cakes* e comprai un appartamento per mia mamma nei pressi di Holland Park. Ecco, questo è tutto».

Fa una pausa poi si alza e mi osserva con quel suo sguardo intenso.

«Sai, non ho mai raccontato a nessuno questa storia, ti ho appena aperto il mio cuore».

Si siede, mi prende in braccio e mi attira a sé. Rimaniamo lì, su quei gradini a baciarci, con il sole che ci sfiora e il rumore del mare a farci da colonna sonora.

Ci siamo fermati a fare alcune foto con le pittoresche case color pastello al porto e dopo aver preso un thè, in una piccola caffetteria che si affaccia sulla costa, abbiamo deciso di andare a vedere il faro a *Neist Point* sulla punta occidentale dell'isola.

In macchina percorriamo delle strade a una sola corsia immerse nel verde, di tanto in tanto lo guardo canticchiare le canzoni che sta passando la radio.

Un grande cartello scolorito e poco leggibile ci indica di svoltare, prendiamo quindi un viottolo in ciottoli che conduce in un' area da cui poi partono vari sentieri.

«Ecco, la guida consiglia di proseguire a piedi per il *Lighthouse*».

Scendiamo, prendiamo la strada panoramica che passa proprio sulla scogliera, qui il vento soffia impetuoso scompigliandoci i capelli.

Si sente l'odore della salsedine, Connor mi prende per mano e proseguiamo a camminare.

Il sentiero è in parte fatto da gradini, scendiamo e scendiamo ancora ed ecco che lo vediamo: il classico faro che siamo soliti vedere nei libri di favole per bambini, segnato dal vento e dalle intemperie, svetta sulla cima della scogliera.

«È davvero suggestivo!», dico soffermandomi a guardare il paesaggio.

«Ha in sé qualcosa di magico, quasi surreale direi», aggiunge lui.

Scattiamo alcune foto e poi proseguiamo fino al faro.

Sulla guida leggiamo che da qui si possono vedere anche delfini e numerose specie d'uccelli.

Nonostante la bassa stagione è possibile salire sulla torre del faro per poter ammirare il panorama.

La scala a chiocciola si arrampica ripida e quando giungiamo sulla torre battuta dal vento quello che ci troviamo ad ammirare è spettacolare: un braccio di oceano argentato che separa il nord di Skye e il nord ovest delle Highlands dalle isole di Lewis e Harris.

Connor si avvicina e cinge i miei fianchi.

«Guarda!», mi dice protendendo la mano oltre la mia spalla a indicarmi qualcosa.

«Riesci a vederle? Sono proprio lì, su quella scogliera».

Ecco che le vedo, una famiglia di pulcinelle di mare che tranquille si gustano questo tranquillo pomeriggio ventoso.

«Sono davvero deliziose!», ammetto io.

Restiamo ancora un po' lì, su quella torre, a guardare le onde che si infrangono sulla scogliera, cullati dal rumore del vento.

Sembra di essere in un'epoca passata, lontana da Londra così caotica e moderna.

Non potrei che desiderare altro che essere qui, stretta nell'abbraccio di Connor che mi accarezza la stoffa dei jeans, i suoi baci, il suo sorriso e quel suo sguardo intenso che mi ha fatta innamorare.

Sì, ho appena ammesso di essermi innamorata di lui, e questo è davvero un sogno.

Ci soffermiamo a leggere la nostra guida poi iniziamo a scendere.

«Sai, nonostante tutto questo camminare la caviglia non è neppure un po' dolente, quella tua pomata è davvero un rimedio miracoloso», ammetto io sorridendo.

Ripercorriamo il sentiero che costeggia la scogliera, e quando arriviamo alla nostra macchina ho le guance arrossate per il vento fresco.

Passiamo per strade immerse nel verde, tutt'intorno ci sono prati dove pascolano tranquille mucche e pecore, di tanto in tanto vediamo qualche abitazione e piccoli negozietti di prodotti locali.

Decidiamo di passare dal ponte che collega l'isola con la Scozia per tornare al castello.

«Mi dispiace per il matrimonio di Wendy, se il compagno non l'avesse tradita adesso si starebbero gustando la nostra deliziosa torta nuziale».

Connor si volta appena.

«Tanto lavoro per nulla, spero solo che qualcuno decida di mangiarla».

Poi aggiunge:

«A quanto pare questo viaggio in Scozia ha regalato a tutti parecchie emozioni».

Arrivati al castello, vediamo appostati alcuni fotografi che probabilmente lavorano per diverse riviste di gossip che sperano di rubare uno scatto della "sposa".

Camilton, con in mano uno dei nostri cupcakes, si avvicina:

«Ehi ragazzi, dove siete stati? Mat e io siamo riusciti a fare diverse foto paesaggistiche da aggiungere al nostro portfolio; sapete, ci piacerebbe collaborare con qualche rivista naturalistica o di viaggi».

Poi prosegue:

«Ho parlato con Lily, sembrerebbe che la fazione dello sposo sia stata rispedita oltreoceano».

Poi sorridendo aggiunge:

«Davvero deliziosi i vostri dolcetti, la signorina Mac Cullivan e Lily hanno allestito un corner per l'ora del thè con alcuni dei vostri lavori. Correte prima che se li mangino tutti!»

Entriamo nell'imponente struttura ormai familiare, Connor mi prende per mano e ci avviciniamo all'elegante salotto.

A differenza della sera precedente tutti sembrano tranquilli, anche Wendy in sala si sta gustando una mini Sacher accompagnata da una tazza di thè Earl Grey.

Quando ci vede sulla porta si avvicina:

«Buonasera ragazzi, scusatemi innanzitutto per la lite di ieri, non sono solita gridare, o peggio ancora, ma non immaginavo di trovare colui che avrei dovuto sposare a letto con una delle mie migliori amiche».

Ho parlato con il mio analista, mi ha detto di rilassarmi, non pensare a niente, e di distrarmi con tutto ciò che mi piace, quindi ho pensato di cominciare assaggiando i vostri dolcetti».

Prende dall'alzatina di ceramica un altro cupcake e aggiunge:

«Ovviamente il vostro lavoro verrà retribuito come stabilito, ho già parlato Ellie e Lily per quello. Vi ringrazio per la disponibilità e spero di potervi chiamare di nuovo magari per un mega party nella mia villa a Los Angeles. Scusate, adesso devo andare a fare alcune telefonate».

«È stato un piacere Wendy e quando vuoi, sai dove e come trovarci».

Ci soffermiamo a parlare con la signorina Mac Cullivan di quanto ci sia piaciuta Skye con i suoi paesaggi incontaminati.

Lei ci ascolta compiaciuta e poi aggiunge:

«A quanto pare il castello tornerà alla sua consueta normalità, e in onestà un po' mi dispiace non avervi tra "i piedi". Iniziavo ad abituarmi a tutti voi: alle chiacchierate con Lily ed Ellie, alle "lavate di testa" che dovevo ripetutamente fare a Camilton, all'odore di cocco e dolci appena sfornati che proveniva a ogni ora dalle cucine e ai racconti del signor Saroche».

Fa una piccola pausa e poi tornando ai modi poco amichevoli a cui ci ha abituato aggiunge:

«So che Lily ha già provveduto a modificare i vostri biglietti aerei. Adesso ragazzi scusate ma devo sbrigare alcune formalità».

Mi volto a guardare Connor.

«Immagino che quando ripenserò a questa esperienza di lavoro in Scozia non potrò far altro che sorridere con tutto il cuore».

Vedo affiorare un sorriso sulle sue labbra e prendendomi la mano dice:

«Puoi scommetterci!»

12

Siamo nella sua stanza, coperti soltanto dalla morbida trapunta, le mie gambe nude intrecciate alle sue, le sue mani che mi accarezzano il viso.

«Non avrei mai immaginato che l'arrogante capo della *Luxury Cakes* avesse anche un lato tanto romantico e passionale».

Connor, continuando ad accarezzarmi, sussurra:

«Ah, quindi è questo che si dice in giro? Non posso certo negare di essere un po' scontroso ma tu stai riuscendo a smussare questi aspetti».

Posa la sua bocca sulla mia, sento le sue mani che delicate mi sfiorano le guance scendendo poi sulle mie spalle; la mia mano percepisce sul suo viso quel lieve accenno di barba che lo rende tanto sensuale.

Rimaniamo lì, persi in quel bacio che sa d'amore.

Connor sta dormendo, io invece non ci riesco.

Continuo a guardarlo, fisso il suo viso e non riesco a nondomandarmi se tornati a Londra, le cose tra noi rimarranno queste o se invece saranno state solamente una piacevole parentesi.

Vorrei chiederglielo, vorrei dirgli che per quanto mi riguarda questa non è stata solo una notte di passione, è stato altro, è stato ed è amore.

È strano e forse è pure assurdo, ma penso di essermi davvero innamorata di lui: del suo sorriso, di quel modo che ha di guardarmi facendomi sentire una donna incantevole, della sua risata, dell'odore ormai familiare delle sua acqua di colonia.

Vorrei che anche per lui fosse lo stesso, perché so che quelli come il mio capo possono davvero spezzarti il cuore.

Mi sposto appena, poso le mie labbra sulle sue, e gli sussurro:

«Ti amo, Connor».

Sto cercando di chiudere il trolley e mi chiedo per quale assurda regola quando si va a rifare una valigia sembri sempre che, le stesse cose che prima c'erano entrate in modo ordinato, adesso siano diventate ingombranti non permettendo alla cerniera di chiudersi.

Connor seduto sul divanetto mi guarda divertito.

«Forse dovresti provare a ripiegare qualcosa».

Sollevo lo sguardo dal trolley e, provando a sedermici sopra, dico:

«Se vuoi accomodati pure, non penso che neppure tu ci riuscirai».

Lui con quella sua solita eleganza apre la valigia e comincia a piegare alcuni maglioncini in cachemire che avevo appallottolato, poi sistema la mia pochette dei trucchi, un paio di Jeans, alcuni cardigan e senza dover fare il minimo sforzo chiude il mio bagaglio.

«Ecco, dovevi solo sistemare le tue cose in modo un po' meno "approssimativo"», dice attirandomi a sé per baciarmi.

Prendiamo le nostre valigie, mi soffermo un istante a osservare la mia stanza prima di chiudermi la porta alle spalle.

Penso che questo castello lo porterò sempre nel cuore, è stata un'esperienza di lavoro davvero utile ma soprattutto è qui che è scattato quel qualcosa che ancora non so come chiamare, tra noi.

Scendiamo l'imponente scalinata, Connor mi dà una mano con il mio trolley su cui svetta Mrs Bric e Chicco e guardando la mia valigia poco convenzionale sorride.

«Buongiorno ragazzi, anche voi siete diretti all'aeroporto?», ci chiede Ellie intenta a depennare qualcosa dalla sua agenda color pastello di *Cath Kidston*.

«Wendy con la sua famiglia è già partita, il suo manager ha già parlato con i giornali scandalistici di gossip e tutti ovviamente fanno a gara per poter avere qualche dettaglio».

«Ellie, come sempre è stato un piacere collaborare con te, spero di poterci vedere a Londra anche con Arvy e la piccola Chloe», dice Connor abbracciandola.

Anche Lily si è avvicinata.

«Ragazzi, fate un piacevole viaggio e grazie ancora per la vostra disponibilità», aggiunge Lily.

Io prendo da un sacco le Louboutin di Ellie e gliele porgo.

«Grazie ancora, Ellie».

«Oh, di niente, mi fa piacere che tu le abbia usate», mi risponde lei abbracciandomi.

Anche Camilton e Mat sono scesi con le loro valigie seguiti dalla signorina Mac Cullivan.

«A quanto pare, signorina Mac Cullivan, questo posto tornerà a essere pacifico!», esclama ridendo Camilton.

Poi si avvicina e la stringe in un abbraccio.

«Grazie davvero», aggiunge Mat.

Dopo una serie di abbracci, scambi di numeri di cellulare con la promessa di ritrovarci tutti quanti a Londra davanti a una pizza, Mat e Camilton salgono sulla loro Mini.

Il signor Saroche ci dà una mano a sistemare le nostre valige nella macchina.

«Mi raccomando guidate con cautela, alcune strade potrebbero essere allagate con tutta questa pioggia».

Da autentico galantuomo fa il baciamano e sorridendo aggiunge:

«E lei, Lucy, faccia attenzione quando indossa certe scarpe».

Poi guardando Connor, abbassando la voce, sussurra:

«È una ragazza davvero deliziosa, gentile, cortese e altruista; non se ne trovano al giorno d'oggi».

Connor mi guarda e sorridendo risponde:

«Lo so, grazie William».

Accipicchia, probabilmente il signor Saroche deve aver notato qualcosa tra noi, forse anche essere un attento osservatore fa parte della sua professione.

«Su, adesso andate non vorrete perdere il vostro volo!», ci incalza Ellie.

Poi sorridendo, guarda Connor.

«Penso che qualcuno qui potrebbe avere il potere di far aprire il cuore al nostro affascinante maestro pasticcere», dice chiudendo la portiera della nostra FIAT 500.

Lentamente la macchina esce dal cancello immettendosi nella strada maestra.

Per quasi tutto il tragitto dal castello all'aeroporto devo essermi appisolata non essendo abituata a dormire così poco di notte.

«Sei stata davvero di compagnia, praticamente non eravamo ancora usciti dal giardino del castello che già dormivi!», mi dice Connor sorridendo e sfiorandomi con la mano la guancia.

«Oh, scusa ma a quanto pare dovevo recuperare alcune ore di sonno».

Fermiamo la macchina nell'area riservata al *rent car*.

«Vado a restituire le chiavi e poi ci incamminiamo al nostro gate», mi dice dandomi un bacio.

Una coltre grigiastra sembra non aver intenzione di spostarsi dall'Invernesshire; sento un leggero vento sul mio viso mischiato a una pioggerellina lieve che potrebbe anche preannunciare un nuovo temporale.

«Andiamo, vorrei prendere un espresso, sono parecchio assonnato».

Ci fermiamo allo stesso cafè dove avevamo fatto colazione al nostro arrivo in Scozia e dopo un caffè ristretto e una cioccolata con panna ci incamminiamo al nostro gate.

Connor passa il controllo della sicurezza e riprende la sua valigia, pure io mi appresto a riprendere il mio trolley quando l'addetta ai controlli chiama un agente.

«Ci scusi signorina ma dovrebbe seguirmi. Dovremmo verificare il contenuto della sua valigia».

Guardo Connor perplessa.

«Lucy e adesso cos'hai combinato?», mi chiede seguendomi.

«Vuoi dirmi cosa cavolo hai messo in quella valigia?»

Sottovoce rispondo:

«Cosa pensi che ci abbia messo? Dell'esplosivo? Non ho idea di cosa abbia attirato la loro attenzione!»

L'agente chiude la porta, sembra di essere in quei film dove viene chiesto a dei narcotrafficanti di mostrare la loro refurtiva.

«Potrebbe mostrami un suo documento?», mi intima con tono fermo.

Io ubbidisco con mano leggermente tremante.

L'uomo lo guarda.

«Allora signorina Cennevan, lei sta rientrando a Londra dopo una vacanza?», mi chiede.

«No, siamo venuti per lavoro».

«Siamo dei cake designer», puntualizza Connor.

L'uomo solleva lo sguardo.

«Lei lavora con la signorina Cennevan?»

«Sono il suo datore di lavoro».

Annota quanto gli stiamo dicendo su di una scheda.

«Adesso dovrei controllare il contenuto del suo bagaglio».

Connor e io ci guardiamo.

L'agente apre il mio trolley e inizia a mettere sul banco jeans, pigiama, maglioni, calze, il mio abitino in seta, slip e reggiseni in pizzo. Poi prende la pochette dei trucchi.

Rossetto, palette di ombretti, mascara, cipria.

«Poi rovescia sul banco un'altra trousse con shampoo, docciaschiuma, crema viso, ed ecco che scivola fuori una bustina trasparente contente della polvere».

L'agente la prende e la fa oscillare sotto al mio naso.

«E questa che cos'è?»

Guardo Connor e poi l'uomo.

«Davvero, non ne ho idea, ma le posso assicurare che non è ciò che può sembrare. Non faccio e non ho mai fatto uso di qualsivoglia droga», affermo io un po' innervosita.

Connor mi prende la mano.

«Per favore, non mi sembra il caso di metterti a discutere proprio adesso con l'agente, piuttosto cerchiamo di sistemare questa storia».

L'uomo ci guarda.

«Allora signorina Cennevan, mi sa dire di cosa si tratta?»

Respiro e cercando di mettere in pratica le varie tecniche di rilassamento che ho appreso al corso di yoga provo a ripetere:

«Davvero, non ne ho idea».

«Signorina mi vedrò costretto a trattenerla fino a che non avremo analizzato il contenuto di quella busta».

Poi, guardando Connor, gli ordina:

«Viaggiando insieme con la signorina la legge mi impone di aprire il suo bagaglio».

L'uomo esamina anche il bagaglio di Connor ma ovviamente non trova nulla.

«Allora lei, signor O'Reel, può andare al gate».

«No, assolutamente! Resto qua con la signorina Cennevan», esclama accarezzandomi appena la spalla.

Poi mi torna in mente di aver messo dell'amido di riso aromatizzato in valigia e con slancio prendo il sacchettino dal banco e lo apro.

«E adesso che sta facendo?» mi chiede spazientito l'agente delle sicurezza.

Apro il sacchettino e annuso il suo contenuto.

«Come immaginavo».

Poi, guardando il mio interlocutore, inizio a spiegare:

«Come le abbiamo detto siamo dei cake designer ed eravamo qua per lavoro».

«Signorina questo già me lo ha detto, per favore vada al punto delle questione: cosa contiene quella busta?»

Proseguo:

«Mi era avanzato un po' di amido di riso che generalmente utilizziamo negli impasti e avendo anche alcuni petali di rose canine ho pensato di provare ad aromatizzarlo. Mi ero completamente dimenticata di averne messo un cucchiaio in quel sacchettino. Ecco, questo è quanto».

L'uomo annusa quello strano composto biancastro un po' in dubbio.

«Signorina, il suo esperimento culinario rimane qua», dice prendendo il sacchetto. Poi, prosegue:

«E mi raccomando, quando deve viaggiare le consiglio di non fare questi miscugli. Su, adesso andate e buon rientro a Londra».

«Buona giornata agente e ancora grazie», gli dice Connor dandomi una mano a risistemare gli abiti nel trolley.

Riusciamo ad arrivare al nostro gate di imbarco e salire sull'aeromobile.

«Dovevo immaginare che saresti riuscita a movimentare questo nostro viaggio di rientro. Però devo ammettere che l'idea di aromatizzare l'amido di riso mi sembra valida, a Londra proveremo a rifarlo», dice Connor ridendo.

Mi appoggio alla sua spalla.

«Io faccio un riposino, svegliami quando saremo atterrati».

Lui si volta e mi dà un lieve bacio sulle labbra.
«Almeno quando dormi non combini guai».

Quando Connor mi sveglia l'aereo è sulla pista dello scalo londinese di Heathrow.

«Ho dormito per tutto il volo», gli dico io prendendo il mio zainetto dalla cappelliera e facendo cadere una valigia colpendo un signore.

Connor mi guarda sorridendo.

«La solita combinaguai», dice all'uomo che mi sta guardando in cagnesco.

Riusciamo a scendere e a riprendere i nostri bagagli.

Ci incamminiamo in una fila disordinata verso gli arrivi, io continuo a pensare che vorrei essere ancora in Scozia dove tutto tra noi era diventato tanto semplice: tenersi per mano, un bacio a fior di labbra, una carezza e alla sera era scontato che dormissimo insieme.

Stiamo uscendo dall'aeroporto per prendere un taxi e Connor come a leggere i miei pensieri mi chiede:

«Ti mostro casa mia?»

Sollevo lo sguardo.

«Dici davvero?»

Lui mi guarda con quei suoi occhi verdi tanto intensi e posando la mano sulla mia guancia mi sussurra:

«Cosa ti fa pensare che non lo stia dicendo davvero? Cambia il paesaggio attorno, non vedremo dalla finestra il lago ma i palazzi vittoriani, ma non cambiamo noi».

Poi ridendo aggiunge:

«E poi dalla finestra della mia camera si gode di un'incantevole vista su *Regent's Park*».

«Forse questo, signor O'Reel, è un modo cortese per invitarmi in camera sua?», gli rispondo io praticamente sulle sue labbra.

«Signorina Cennevan in un'altra epoca le avrei proposto di venire a vedere la mia collezione di farfalle!», dichiara ridendo e posando la sua bocca sulla mia.

Restiamo lì, nel via vai di uno scalo internazionale a baciarci poi un uomo dal suo taxi richiama la nostra attenzione.

«Signori, volete salire?»

Non ce lo facciamo ripetere.

«Dove andiamo?», domanda l'uomo.

«*Ulster Terrace*, grazie», gli risponde Connor posando la mano sulla mia coscia.

13

Il taxi si ferma, l'uomo scende per darci una mano con le nostre valigie.

«Tenga pure il resto», gli dice Connor

«Grazie e buona serata».

Guardo l'elegante palazzo, di recente modernizzazione, imbiancato a calce che si affaccia proprio sul parco.

Il mio capo digita un codice sulla scacchiera elettronica.

«Dopo di lei signorina Cennevan», mi dice sorridendo e tenendomi la porta aperta.

«Bentornato, signor O'Reel», ci dice quello che immagino sia il portiere impegnato a sostituire un led.

«Posso dare una mano a lei e alla signorina con i vostri bagagli?»

«Buonasera signor Hanksin, stia tranquillo prendiamo l'ascensore».

«Buona serata», replica con un leggero inchino.

L'ascensore ci porta al piano attico, Connor prende dalla giacca le chiavi e apre la porta del suo appartamento.

«Su dai, entra, non avrai intenzione di restare lì».

La porta si apre su un ampio *openspace*: alcune librerie, un grosso divano di design, alle pareti diverse stampe di Chagal, ma quello che mi sorprende è vedere un pianoforte a coda.

Mi volto a guardarlo:

«Non immaginavo che sapessi suonare il pianoforte!», esclamo.

Si avvicina e prendendo il mio giaccone mi dice:

«Sono un appassionato di musica e appena mi è stato possibile ho preso delle lezioni e adesso posso dire di saper "strimpellare" il piano almeno un po'».

Poi cingendomi i fianchi e posando le labbra sull'incavo della mia scapola mi dice:

«Vieni ti faccio vedere la casa».

Lo seguo, dalla sala si passa in un disimpegno su cui si aprono diverse porte.

Entriamo nella cucina, è arredata con un design moderno tutta sui toni del grigio chiaro. Al centro della stanza la penisola con il piano a induzione e un'ampia superficie da lavoro illuminata da un lampadario a sospensione di colore verde.

Dalla finestra si vedono le luci della città, il parco, un bus a due piani che prosegue la sua corsa nel traffico londinese del weekend e alcuni turisti che si soffermano a scattare delle foto.

«Mi piace questo scorcio di Londra, è così incantevole», gli dico.

«Anche a me piace, spesso è proprio in questa cucina che provo a creare nuove ricette aggiungendo sempre ingredienti diversi».

Lo seguo nel suo studio, sulle librerie volumi di pasticceria varia e diversi premi.

Sulla scrivania vedo un notes con il solito carboncino per disegnare. Sorrido.

Il bagno, di un turchese davvero delizioso, è grande quasi come il mio appartamento.

Lo seguo nella sua camera anch'essa moderna e ordinata; il letto è un King size con una trapunta tartan che mi ricorda tanto quelle che ci aveva offerto la signorina Mac Cullivan al castello.

L'armadio potrebbe fare invidia a un'amante dello shopping compulsivo.

La vetrata si apre su una terrazza, io mi avvicino e apro la porta.

È una terrazza a tasca, ricavata nel tetto del palazzo, che si affaccia su *Regent's Park*.

Vedo una pianta di rose rampicanti che si intreccia sul piccolo gazebo, un divanetto e una poltrona.

«Quando l'agente immobiliare mi mostrò l'appartamento mi innamorai subito di questo terrazzo. Era primavera, si vedeva tutto il parco tinto di nuovi colori e nelle giornate terse si riesce a scorgere anche lo zoo, *Primrose Hill* e i canali.

Per me questo angolo sui tetti di Londra valeva l'intero prezzo dell'appartamento».

Mi volto, mi soffermo a guardare il suo viso, poi mi avvicino e sono io a baciarlo.

Un bacio intenso, uno di quei baci che non si dimenticano, che ti catturano e riescono a farti sognare davvero.

Connor mi solleva, rientriamo in casa, non abbiamo intenzione di smettere di baciarci.

Ci sdraiamo sul suo letto, il cachemire della trapunta mi solletica il viso; lui si sposta appena per guardarmi.

«Sei riuscita a farmi perdere la testa, con te mi sembra di essere tornato un ragazzino alle prese col primo amore».

Mi accarezza la guancia e quasi sulle mie labbra sussurra:

«Penso di amarti».

Fisso quegli occhi verdi, vorrei dirgli che anch'io lo amo ma invece come risposta mi limito ad attirarlo sopra di me.

Siamo nel suo letto, sul tappeto i nostri vestiti.

«Vado a prendere dal trolley qualcosa da mettermi», gli dico alzandomi.

Un po' in imbarazzo mi aggiro praticamente nuda per casa, apro la valigia e prendo una felpa.

«Per quanto mi riguarda non avrei avuto nulla in contrario anche se non ti fossi messa niente!», mi dice Connor appoggiato alla porta della sala con addosso solo un paio di pantaloni di una vecchia tuta.

Poi posando lo sguardo sul mio trolley esclama:

«Quando sei arrivata all'aeroporto con quella tua buffa valigia da bambina, tra me e me, ho pensato che Ingrid mi aveva proprio dato un consiglio assurdo dicendomi di portare te in Scozia! Invece penso proprio che dovrò ringraziarla».

Lo squadro in cagnesco.

«Guarda che della mia valigia vado molto fiera! Forse non lo sai ma io sono una grande appassionata di film Disney, colleziono le locandine dei film!»

«Dovremmo vederne alcuni insieme», ridendo aggiungo, «*la Bella e la Bestia* sono un po' come noi: tu scontroso e irascibile, io invece gentile e cortese proprio come Belle!»

Si avvicina.

«Se non erro però la Bestia riesce a cambiare e si tramuta in un principe».

«Piuttosto io inizio ad avere fame che ne dici se ci prepariamo un piatto di spaghetti?»

Guardo l'orologio sopra il divano.

«Direi che qualcosa di dolce sarebbe perfetto!»

«Preferisci forse dei pancakes con sciroppo d'acero?»

Sorrido e quasi sulle sue labbra gli rispondo:

«Vada per i pancakes ma a patto che li prepari tu!»

Amo dormire con Connor, potermi stringere a lui, soffermarmi a guardare il suo viso.

Penso proprio che potrei abituarmici.

Siamo seduti in cucina, Connor mi ha preparato una squisita cioccolata con arancia.

«Senti Lucy, che ne dici se stamattina facciamo un giro per Londra?»

Lo guardo.

«Dici davvero? Perché io ho già in mente dove potremmo andare».

Stiamo camminando mano nella mano verso la stazione della metro di *Regent's Park* proprio come qualsiasi coppia innamorata farebbe per Londra in questa mite giornata autunnale.

«Allora mi vuoi dire dove stiamo andando?», mi domanda.

«Non se ne parla, devi solo salire sul treno», gli dico baciandolo.

Scendiamo a *Oxford Circus* per prendere la Central Line direzione *Holland Park*.

«Se riusciamo adesso possiamo sederci».

Connor mi guarda e scuotendo la testa sorride.

Sono in parecchi a scendere alle stazioni di *Bond Street*, *Marble Arch* e *Lancaster Gate*, probabilmente molti faranno una passeggiata a *Kensington Park* e altri invece andranno in centro per un po' di shopping.

Scendiamo alla stazione di *Queensway*.

Connor mi guarda.

«Allora mi vuoi dire dove stiamo andando?»

Sorrido.

«Non ho intenzione di dirtelo e poi siamo quasi arrivati. Gustati la passeggiata in queste strade tranquille; io amo guardare le palazzine vittoriane di recente ristrutturazione e magari sognare a occhi aperti di poter anch'io un giorno abitare in una di queste case e avere dei bambini che giocano in giardino con un simpatico cane».

Camminiamo ancora, si iniziano a vedere i classici turisti con zainetti e smartphone per scattare una foto da postare sui moderni social.

«Direi che siamo arrivati», gli dico io quando vediamo la vivace *Portobello Road*.

«Era da tempo che non venivo qua, non ricordo neppure quando ho fatto un giro per il mercato di *Notting Hill*», mi dice stringendomi.

Lo guardo.

«Lo immaginavo, non sei il tipo che viene a passeggiare per *Portobello Road* tra la calca di turisti».

«Dici? Indubbiamente quando non sono alla *Luxury Cakes* preferisco sempre poter passeggiare in un parco, assaporare la calma e la tranquillità camminando nei sentieri di *Regent's Park*».

Poi aggiunge:

«Su, adesso andiamo voglio proprio vedere se riusciamo a scovare qualcosa da *Alice's*!»

Ci confondiamo tra i turisti, camminiamo mano nella mano soffermandoci di tanto in tanto a guardare gli strani oggetti che sono soliti essere venduti al mercato: utensili d'antiquariato, vecchi dipinti a olio di paesaggi campestri, le consuete t-shirt per turisti e ceramiche per tutti i gusti.

Entriamo nei negozietti che si affacciano su *Portobello Road* e non riesco a uscire senza aver comprato almeno una calamita da aggiungere al frigo di cucina.

«Sapevo che voi donne avete un'autentica passione per lo shopping ma tu Lucy sei proprio un'amante compulsiva per ogni genere di acquisto!», mi dice dandomi un bacio.

Ecco che vediamo proprio sull'angolo *Alice's*, il vecchio negozio vintage di antiquariato a conduzione familiare che vende un po' di tutto, dall'attrezzatura per giardino alle stampe, stoviglie e antiquariato inglese.

Ci avviciniamo al bancone dove fanno mostra di sé vecchi barattoli di marmellata, decorazioni da giardino, vecchi libri e una serie di fenicotteri.

Ma quello che attira la mia attenzione è una collezione di teiere di tutti i colori.

«Sono deliziose!», esclamo prendendo in mano un set da thè in porcellana.

«Lo voglio!»

Connor sorride mentre si sofferma a guardare delle vecchie macchine da scrivere un po' retrò.

Entriamo nel caotico negozio dove alcuni turisti stanno contrattando sul costo di una libreria.

Finalmente, riesco a pagare il mio acquisto e soddisfatta esco stretta al braccio di Connor.

Proseguiamo il nostro tour al mercato.

Vedo il banco di vecchie locandine, ci avviciniamo facendoci spazio tra i turisti.

«È qui dove ho già comprato alcune locandine originali di diversi film Disney», ammetto.

Sul tavolo fanno bella mostra poster di film che hanno fatto la storia del cinema: *Colazione da Tiffany*, *Pretty Woman*, cortometraggi di *Mickey Mouse* e anche l'immancabile *Notting Hill* con Hugh Grant e Julia Roberts.

«Oh Lucy, era da un po' di tempo che non ti vedevo per Portobello!», mi dice Roger guardandomi da dietro le spesse lenti dei suoi occhiali. Poi prende da una scatola alcune locandine:

«Le ho trovate in un vecchio cinema che stanno rimodernando, i carpentieri le avrebbero buttate ma io ho subito pensato che potevano essere interessanti».

Una è la locandina della *Bella Addormentata nel Bosco* e l'altra è quella della *Carica dei 101*, entrambe originali.

«Sono incantevoli Roger, ovviamente le voglio!», dico con slancio. Roger arrotola le vecchie locandine un po' rovinate dal tempo e noi continuiamo il nostro giro.

Anche Connor è riuscito a comprare qualcosa: un vecchio libro di pasticceria inglese scovato in una bancarella che vende tomi d'epoca.

Camminiamo ancora, stiamo andando a *Kensington Gardens* per fare una passeggiata rilassante e mangiare qualcosa.

«Sono davvero entusiasta di questi acquisti, non immaginavo di poter aggiungere alla mia collezione queste incantevoli locandine d'epoca».

Poi, un po' titubante, aggiungo:

«Mi piacerebbe farti vedere quelle che con gli anni ho sparso per casa; quella che proprio non riesco a scovare è l'originale della *Bella e la Bestia*, è piuttosto rara e i pochi pezzi sono piuttosto cari».

Connor mi guarda, si sofferma.

«Tutto a posto?», gli domando.

Porta la mano sulla mia guancia e sorride.

«Sai, stavo pensando che mi piace molto vedere il mondo attraverso i tuoi occhi, è un po' come tornare bambino», mi accarezza la gota e con dolcezza aggiunge:

«Tu Lucy sei incredibilmente ingenua, combinaguai, dici sempre quello che ti passa per la testa anche se spesso dovresti soffermarti a riflettere almeno un po', non ti interessa di quello che pensano gli altri, sei testarda e cocciuta, sexy e al contempo dolce, sei davvero preziosa Lucy Cennevan e forse è proprio per questo tuo essere diversa che mi sono innamorato di te».

Rimango lì, come una scema, a guardarlo, non so cosa dire, questa è la dichiarazione d'amore che avrei sempre sognato.

Così mi avvicino alle sue labbra ormai familiari e gli sussurro:

«Non so cosa dirti se non che ti amo da impazzire Connor O'Reel».

Lo bacio, e so che non vorrei essere in nessun altro posto se non qui, in piedi, a baciarci, nei pressi del parco, con i turisti che ci passano accanto.

Tra un bacio e una risata riusciamo a comprare nel chiosco del parco *hot dog* e *Coca cola* e ci sediamo su una panchina a mangiarli.

«Qualche giorno fa sono riuscita a farti mangiare *fish and chips* seduto sui gradini a *Portree* e adesso *hot dog* su una panchina a *Kensington Gardens*! Questo sì che potrebbe essere su tutte le riviste di gossip del paese!»

Lui si volta.

«Guarda che non andavo solamente in ristoranti stellati di vecchi amici ma mi piace anche assaporare una pizza o un *hot dog* al parco soprattutto se sono con una sensuale aspirante cake designer».

Ci gustiamo il nostro pranzo, osserviamo divertiti un cane che infastidisce i cigni nonostante i molti rimproveri; Connor mi prende in giro e io metto il broncio per poi farmi baciare.

Sono sdraiata sulla panchina, la testa appoggiata sulle sue cosce, il leggero vento autunnale che mi accarezza il viso.

Lui muove lentamente le dite sulla mia guancia disegnando dei cerchi, per un po' non parliamo cullati solamente dai rumori del parco.

Stiamo andando alla stazione della metro.

«Non vuoi che ti accompagni?», mi chiede Connor.

«No, davvero, vado a piedi. È una serata tiepida, mi piace fare una passeggiata per andare a casa. Allora ci vediamo al lavoro».

«Mi raccomando non essere in ritardo come al solito», mi dice lui sulla labbra.

«Come desidera».

Mi dà un bacio.

«Non combinare pasticci», dice voltandosi e incamminandosi nella caotica metropolitana all'ora di punta.

Sto andando a casa quando mi ricordo di aver scordato il trolley a casa di Connor, sorrido aprendo il portone della palazzina vittoriana e mi incammino per le scale.

Entro nel mio piccolo appartamento con i miei acquisti e soddisfatta vado a farmi una doccia.

Prima di dormire prendo lo smartphone e di impulso digito:

"Vorrei essere lì con te... buonanotte".

Dopo un istante leggo:

"E io vorrei che tu fossi qua. Ah, quasi dimenticavo, il tuo simpatico trolley è in salotto. Buonanotte, Lucy".

Sorrido Infilandomi nel letto.

14

Anche stamattina non ho sentito la sveglia o forse mi ero proprio dimenticata di impostarla, spero solo che al lavoro nessuno cominci a pensare che io possa fare ciò che mi pare essendo la ragazza del capo.

Prendo dall'armadio un paio di jeans e un cardigan in lana, metto il cappottino leggero e con lo zainetto in spalla mi incammino al lavoro.

Decido di passare per il parco per raggiungere *Knightsbridge*, prendo lo smartphone per mandare un messaggio a Connor quando vedo che lui mi ha scritto.

Sorrido, tra me, proseguendo a passo spedito.

"Per favore Lucy non credere a una sola parola di quello che sentirai dire".

Non capisco il senso di quanto lui mi abbia scritto, non riesco proprio a comprendere cosa intenda.

Sto uscendo dal parco quando la mia attenzione viene attirata dalla copertina di alcune riviste che spiccano sugli espositori di un chiosco che vende giornali.

Mi avvicino, no, non può essere lui.

Sulla copertina di svariate testate scandalistiche vedo Connor e Katrina, alcune foto sembrano ripescate dal passato ma altre invece devono essere state scattate proprio a Eilean Donan e quello che vedo è inequivocabile: si stanno baciando.

Prendo il giornale e leggo:

"Di nuovo insieme? L'attrice e l'affascinante cake designer inglese sembrerebbero aver ritrovato l'amore".

«Prende quello?», mi chiede il giornalaio spazientito.

Gli allungo le monete e vado subito a leggere l'articolo:

Sembrerebbe che galeotto sia stato il matrimonio – poi saltato – dell'attrice e amica Wendy Polston dove i due ex si sarebbero rincontrati.

La giovane attrice di origini inglesi e lo stellato cake designer, che avevano fatto sognare con la loro storia d'amore poi naufragata, non si sarebbero mai dimenticati e la scintilla dell'amore si sarebbe riaccesa proprio nella romantica cornice scozzese.

Diverse foto sono state scattate dove i due innamorati sono in atteggiamento intimo: abbracci, dolci parole sussurrate all'orecchio fino al romantico bacio.

Voci insistenti dicono che Katrina, nonostante l'inizio delle riprese della nuova stagione di Lucky sulla West Coast, sia passata da Londra proprio per poter stare con l'affascinante maestro pasticcere.

La Junser avrebbe contattato la prestigiosa London House per vedere alcuni immobili nella Capitale dove vorrebbe acquistare una casa.

L'attrice avrebbe mostrato, nelle riprese della nuova stagione di Lucky, una certa rotondità; forse gli innamorati vogliono comprare casa insieme perché la cicogna porterà loro un regalo?

Per adesso nessuno dei due ha smentito i rumors sulla gravidanza, In attesa di news assaporiamo questo loro amore".

Tengo ancora quell'assurda rivista di gossip in mano quando sento delle lacrime rigarmi le guance.

Non ci posso credere, Connor mi ha solamente presa in giro, si è solo divertito, tutto quello che mi ha detto sono state solo menzogne.

Probabilmente quando abbiamo fatto sesso, perché per lui dev'essere stato solo quello, lui si vedeva anche con Katrina per di più, incinta!

Cazzo, cazzo; non dovevo innamorarmi di lui, dovevo immaginare che mi avrebbe solo spaccato il cuore.

Mi soffermo a respirare, non riesco a pensare, l'unica cosa che mi torna in mente sono solo quelle foto dove Connor e Katrina si baciano.

Non posso e non voglio vederlo, non ho intenzione né di parlarci né tantomeno di andare al lavoro alla *Luxury Cakes*.

Prendo lo smartphone e digito il numero di Ingrid.

Dopo alcuni squilli sento:

«Ehi Lucy, buongiorno e bentornata! Non avrei certo immaginato che poi tu e Connor sareste andati in Scozia per niente».

Fa una piccola pausa e prosegue:

«Almeno avete fatto una sorta di vacanza anche se so che quando si lavora Connor è davvero stressante».

Io la interrompo:

«Ingrid scusa ma ti ho telefonato per dirti che ti invierò tramite e-mail la mia lettera di dimissioni e poi volevo ringraziarti, sei stata una collega preziosa».

Dall'altro capo del telefono, mi domanda:

«Posso chiederti il perché?»

Poi, delusa aggiunge:

«Spero che tutto questo non abbia a che fare con il vostro viaggio in Scozia».

Sento un'altra lacrima scendere sulla mia guancia.

«Adesso devo andare, mi auguro che la tua spalla non sia ancora dolente».

«Aspetta Lucy, non riattaccare».

Sento dei rumori, probabilmente sta chiudendo la porta per poter parlare.

«Non so perché tu voglia licenziarti dalla *Luxury Cakes*, ma se posso darti un consiglio ti dico che scappare è una cosa stupida. Se fossi scappata da lui e da quello che provavo mi sarei licenziata anni addietro precludendomi un lavoro che amo e che faccio con passione. Connor è un professionista e lavorare con lui per un'aspirante cake designer è un sogno. Non mandarci la tua lettera di licenziamento, pensaci almeno su».

«Grazie Ingrid, adesso devo proprio andare».

«Non mi ascolterai, lo so», mi dice lei.

Per alcuni istanti resto lì, con lo smartphone in una mano e nell'altra quell'assurda rivista di pettegolezzi, poi rientro nel parco e mi siedo sulla panchina a scrivere la mia lettera di licenziamento.

Rimango lì seduta su quella panchina, il leggero vento autunnale che mi scompiglia i capelli, con lo smartphone in mano a fissare la lettera che ho appena scritto.

Respiro e mi decido a cliccare "invia" poi, immaginando di ricevere delle telefonate da Connor, chiudo il cellulare.

Cammino per i vialetti di *Kensington Gardens* e mi ritrovo alla statua di Peter Pan; era da tempo che non passavo di qua, guardo Peter che suona il flauto sopra a un ceppo di albero con fatine, scoiattoli e topini che lo osservano.

Mi ricordo che quando eravamo bambine Peggy e io venivamo qua spesso; la mamma e la nonna si mettevano sedute sul prato a leggere o a chiacchierare e noi giocavamo inventando sempre nuove storie con Wendy e Peter che volavano sopra i tetti di Londra.

Ancora oggi se qualcuno mi chiedesse cosa mi viene in mente pensando a questa incantevole città è proprio Peter Pan e Wendy che volano sopra Londra fino al Big Ben.

Riprendo a camminare, passeggio ancora un po' per il parco poi mi dirigo verso casa.

So già cosa voglio fare: andrò a Porthcurno a trovare Peggy, sentirò se lei e Spencer possono ospitarmi per qualche tempo fino a che non riuscirò a trovare un piccolo appartamento e un lavoretto da fare. Magari potrei lavorare in una pasticcera locale; cambiare città e abitudini mi darà una mano a dimenticare Connor.

Ho parlato con Peggy, lei e Spencer mi ospiteranno a Spring House senza problemi.

Sto preparando la valigia, se riesco a prendere il treno del pomeriggio potrei arrivare per cena a Porthcurno.

Salgo sul treno alla stazione di Paddington e sistemo il mio bagaglio.

La carrozza non è affollata; io prendo il cellulare per mandare un messaggio a Peggy.

"Sono sul treno, arriverò alla stazione di Penzance. Grazie ancora. Ti voglio bene".

Prima di mettere lo smartphone nello zainetto vedo che ho diverse telefonate alle quali non ho risposto, messaggi ed e-mail ancora da leggere.

Sono tutte di Connor, una parte di me vorrebbe leggerle ma la parte razionale decide di metterle nel cestino.

Guardo la città allontanarsi, piano piano si iniziano a vedere prati e la campagna inglese che tanto mi piace.

Sì, penso proprio che andare in Cornovaglia da Peggy mi darà una mano a scordarmi di lui e potrò rimettere insieme i pezzi del mio cuore.

Alla stazione di Exeter sono in parecchi a salire, una signora con uno stravagante cappellino mi domanda:

«Posso sedermi?»

«Oh, certo», le rispondo sorridendo.

La signora, piuttosto paffuta prende degli occhiali da vista e un libro.

Lo sguardo mi cade sulla copertina del romanzo per me familiare: si tratta di *Un dipinto per innamorarsi*, un romance contemporaneo di mia sorella Peggy.

La signora, notando che sto guardando il testo, mi chiede:

«L'ha letto? Io lo trovo davvero delizioso, questa autrice ha uno stile giovane e dinamico, ho letto quasi tutti i suoi libri».

Poi, aggiunge:

«Se non l'ha ancora fatto, dovrebbe provare a comprarne uno».

Sorrido.

«Grazie, mi fa piacere che le siano piaciuti; l'autrice è mia sorella Peggy», rispondo io soddisfatta.

«Oh, dice davvero? Allora faccia i complimenti a sua sorella, i suoi libri sono sempre piacevoli».

«Grazie, glielo riferirò».

La signora riprende a leggere, io mi chiedo cosa starà facendo adesso Connor; probabilmente starà ancora lavorando a qualche nuovo dolce o forse sarà con lei e magari staranno vedendo degli appartamenti dove poter andare ad abitare insieme.

«Sta andando a trovare il suo ragazzo?», mi chiede la mia compagna di viaggio distogliendomi dai miei pensieri.

«Oh no, sto andando proprio da mia sorella, a Porthcurno».

«La Cornovaglia è magica; le auguro di trascorrere una piacevole vacanza e mi raccomando si complimenti con sua sorella».

Poi aggiunge:

«Io scendo, arrivederci signorina».

«Arrivederci».

Prendo il cellulare per mandare un altro messaggio a Peggy, vedo che ho altri messaggi ma anche adesso decido di metterli nel cestino.

Il treno ritrova la campagna con quei classici paesini inglesi, poi il treno si ferma: eccomi arrivata alla stazione di Penzance.

Scendo dal treno, nonostante sia quasi l'ora di cena è una mite serata autunnale; vedo mia sorella e Spencer che sorridenti, stretti per mano, si avvicinano.

Dal cappotto verde pastello, in parte sbottonato, spunta la pancia piuttosto pronunciata di Peggy.

Lei mi abbraccia.

«Sono davvero contenta che tu sia qui», mi dice lei.

«Anch'io, avevo proprio voglia di stare un po' con te!»

Poi guardando il pancione mi correggo:

«Con voi».

«Eh sì, in questo periodo sembra essere lievitata».

Spencer toccando la pancia di Peggy aggiunge sorridendo:

«Qualcuno qua dentro apprezza molto quello che mangia la mamma».

Poi mi abbraccia.

«Su adesso andiamo, quando ho saputo che saresti venuta a Spring House ho preparato la mia rinomata Sacher. Vedrai che non ha nulla da invidiare ai vostri raffinati dolci», aggiunge lui ridendo.

La macchina percorre una strada a una sola corsia immersa nel verde, il paesaggio in questa stagione è incantevole tinto sui toni autunnali.

Prendiamo il vialetto che conduce a Spring House; quando scendiamo sento l'odore delle rose canine misto a quello del mare. Avevo scordato che questo luogo fosse così magico; il B&B è proprio sul promontorio che domina tutta la spiaggia di Porthcurno e prima di entrare in casa mi soffermo a guardare le onde del mare che lambiscono la spiaggia dorata.

Questo paesaggio mi riporta a Portree, al suo porticciolo e non posso che ritrovarmi a pensare a Connor e a quanto fossi innamorata di lui.

Peggy mi distoglie da questi pensieri:

«Che ne dici di entrare? Spencer ti ha portato la valigia in camera, la stessa che mi diede quando ci conoscemmo».

«Arrivo, è solo che potrei passare ore ad ammirare questa spiaggia».

La cena che ha preparato Spencer è squisita, avevo scordato di quanto fosse abile in cucina e anche la sua

Sacher, come aveva detto lui, non ha nulla da invidiare a quelle della *Luxury Cakes*.

Per tutta la cena né Peggy né Spencer hanno chiesto il perché di questa mia decisione di andare a Porthcurno.

«Ragazzi io vi ringrazio ma adesso vorrei proprio andare a dormire, sono davvero esausta».

«Certo, allora ci vediamo a colazione. Spencer ha parlato con un suo amico, la sorella ha aperto da poco una pasticceria in paese e sta cercando qualcuno con un po' di esperienza che possa aiutarla», mi dice Peggy sorseggiando il suo infuso.

«Davvero non so proprio come ringraziarvi».

Lei mi sorride.

«Non devi ringraziarci per noi è un piacere Lucy e poi quando nascerà il bimbo, o bimba, potremo contare anche sull'aiuto della zia!», esclama Spencer accarezzando la pancia di mia sorella.

«Ecco che sa già come sfruttarti», aggiunge Peggy ridendo.

«Sarò contenta di darvi una mano anche se immagino che non appena inizierai ad avere le prime contrazioni la mamma salirà sul treno per poter assistere alla nascita del nipotino!»

Poi incamminandomi su per la scala aggiungo:

«Buonanotte».

«Buonanotte, tesoro», ripete mia sorella.

Messo il pigiama mi soffermo alla finestra a osservare la spiaggia rischiarata soltanto dalla luna e non posso fare a meno di pensare a lui, al suo sorriso, a quel suo modo di guardarmi che mi faceva sentire splendida, ai suoi baci, a quanto fossi felice stretta a lui.

Una lacrima scende lungo la mia guancia nonostante io voglia ricacciarla indietro; mi acciambello nel letto e provo a prendere sonno.

La mia mente e il mio cuore però mi riportano a pensare a Connor e a quanto sia innamorata di lui.

15

Spencer mi sta accompagnando con il suo *Pick-Up* in paese per quel lavoro nella nuova pasticceria che hanno aperto da poco a Penzance.

«Non ti aspettare la *Luxury Cakes* di Londra, quella di Dorinne è una piccola pasticceria locale», mi dice mio cognato canticchiando una vecchia canzone che sta passando la radio.

«Spencer, immagino che tu e Peggy vi siate chiesti perché io abbia deciso di venire per un po' qua a Porthcurno», inizio a dire.

Mi volto, Spencer mi sta ascoltando.

Poi mi dice:

«Lucy, te lo abbiamo detto, a noi fa solo piacere che tu sia qua, e non ci devi nessuna spiegazione. Se ti va di parlarcene, noi ti ascolteremo volentieri ma se invece non vuoi per noi è lo stesso».

«Grazie, è che mi sono messa nei guai».

Spencer mi guarda.

«No, no, non pensare a cose assurde. Niente droghe, non sono incinta e nessuno mi ricatta», faccio una pausa e poi aggiungo:

«Mi sono innamorata di Connor O'Reel il mio capo alla *Luxury Cakes*, siamo stati insieme ma come forse avrete letto su tutte le riviste di gossip del paese lui ha una storia con un'attrice e forse lei è incinta».

Spencer ferma la macchina e mi guarda serio.

«Non serve scappare Lucy, tua sorella all'epoca fece proprio come stai facendo tu adesso: non volle neppure ascoltare quello che avevo da dirle».

Fa una pausa e poi prosegue:

«Io non so se questo Connor sia davvero innamorato di te o se invece ami quell'attrice come scrivono i giornali, ma quello che posso dirti è che scappare è sbagliato. Se quel giorno alla libreria a Londra non avessi detto a tua sorella che l'amavo probabilmente adesso non staremmo insieme, non saremmo qua in trepidazione aspettando che nasca il bambino e non saremmo tanto felici».

Guardo mio cognato e scendendo dall'auto sussurro:

«Grazie. Io adesso vado alla pasticceria, buona giornata».

Mi incammino per la strada in ciottoli e ripenso a quanto mi ha appena detto Spencer. So che non sarei dovuta scappare, licenziarmi da un lavoro che amavo e che facevo con passione e soprattutto so che sarei dovuta restare ad ascoltare quello che Connor voleva dirmi. Proprio nella piazza vedo la piccola pasticceria.

Mi avvicino, dalla vetrata vedo il bancone con macarons colorati, mignon, muffin, cupcakes decorati con pasta di zucchero e varie torte.

Mi sembra deliziosa.

Sulla porta noto l'insegna del negozio: *the Monkey's Cafè*.

È un nome un po' strano per una pasticceria, respiro e aprendo la porta faccio suonare il campanellino.

Dopo alcuni istante una donna esce da quella che immagino sia la cucina.

«Buongiorno, cosa desidera?», mi domanda sorridendo.

«Buongiorno, sono Lucy Cennevan la sorella di Peggy».

Lei mi guarda.

«Oh, quindi tu sei la cognata di Spencer; mi aveva accennato che saresti venuta! So che hai una certa esperienza e che hai lavorato a Londra per una rinomata pasticceria, qui ovviamente non ti immaginare nulla di tanto lussuoso e sofisticato. Questa è un pasticceria di un piccolo paesino dove i clienti sono soprattutto i locali e i turisti».

Si sistema la maglietta ed esclama:

«Per me puoi iniziare adesso».

«Grazie, allora comincio subito».

La seguo, lei prende una casacca di un verde pastello su cui sono disegnate scimmie e banane e me la porge.

Mi tolgo il cappotto leggero, lego i capelli in un disordinato chignon e mi metto la mia nuova casacca.

Mi guardo sorridendo e seguo Dorinne in cucina.

«Stamani dovremmo preparare un'infornata di cupcakes, gli ingredienti li trovi su quella mensola», dice lei indicandomi uno scaffale, «so che sei una professionista decidi pure tu cosa fare», mi dice mentre torna al banco richiamata dal campanellino della porta che aprendosi suona.

La sento parlare con una signora, discutono sul tempo, su un programma che devono aver guardato alla TV e poi viene in cucina a prendere una torta.

Decido di preparare i cupcakes al cioccolato e mirtilli, un abbinamento particolare che mi aveva insegnato Ingrid.

Lavoro per quasi tutta la mattina ai miei cupcakes, decido anche di decorarli con un *icing* sui toni del verde e del giallo riprendendo i colori del negozio.

«Ecco, io avrei fatto», dico alla mia nuova datrice di lavoro.

Dorinne mi segue in cucina, osserva la mia opera e poi ne prende una e la assaggia.

«Sono deliziosi, devo dire che sei davvero abile. Sei assunta!», esclama lei soddisfatta.

Per tutta la giornata lavoro con Dorinne in cucina, mi parla del negozio, mi racconta che oltre alla classica pasticceria spesso organizzano anche compleanni per bambini soprattutto nella bassa stagione dove i turisti sono pochi.

Quando esco dal negozio dopo la mia prima giornata al *Monkey's Cafe* vedo Spencer e Peggy.

«Allora come è andato il tuo nuovo lavoro?», mi domanda mia sorella sorridendo.

«Qualcosa ti fa pensare che mi abbia assunta?»

Lei e Spencer si guardano.

«Sai fare il tuo lavoro, lo ami e lo fai pure con passione non vedo il perché non ti dovrebbe aver assunta», mi risponde mia sorella.

Dorinne esce dal negozio.

«Ragazzi, mi avete portato una rinomata cake designer, ovviamente il lavoro è suo!»

Poi, posando lo sguardo sul soprabito in parte aperto di Peggy aggiunge:

«Accidenti, hai messo su proprio una notevole panciona!»

«Beh, sì, sembra essere lievitata».

Peggy e Spencer si soffermano a parlare con Dorinne, qui a Porthcurno tutto è molto differente da Londra, tutti sembrano conoscersi.

A Spring House, dopo cena, approfittando della tiepida serata, mi siedo sul dondolo con Peggy a sorseggiare un infuso.

«Qui è tutto così rilassante rispetto a Londra, inizio a capire perché tu abbia deciso di restare a vivere qua».

Peggy si passa la mano sulla pancia, poi si volta.

«È un delizioso paesino sulla spiaggia, Porthcurno è semplice da amare ma se ho scelto di venire qua non è per il mare cristallino o per il clima mite».

Poi ridendo aggiunge:

«Né tantomeno per fare surf».

Mi guarda, quegli occhi che mi hanno sempre capito, poi inizia a dire:

«Non volevo chiederti nulla e non ho intenzione di mettermi qua a farti domande però tesoro voglio dirti che scappare non serve. Se te lo dico è solo perché io feci la stessa cosa e posso dirti che è un errore. Io non sono certa di cosa ti abbia spinto a venire qua, ma immagino che porti il nome di Connor O'Reel».

Poi mi guarda e continua:

«Non so quello che può esserci stato tra di voi, però conoscendoti devi esserti davvero innamorata per aver deciso di licenziarti dal lavoro che hai sempre sognato».

Sollevo lo sguardo dalla mia tazza ancora fumante e la guardo, mia sorella, colei che mi conosce come nessun altro, l'altra parte di me, e penso che anche adesso sia riuscita a leggere nel mio cuore.

«Dovresti quantomeno fare un po' di chiarezza perché immagino che tu non lo abbia neppure fatto parlare, magari le cose sono diverse rispetto a quello che si dice in giro. Quando si è un personaggio pubblico spesso i giornali scrivono pettegolezzi solo per vendere copie».

Poi sorride e accarezzandosi la pancia, si alza.

«Noi adesso andiamo al cottage, buonanotte tesoro».

Mi alzo pure io e stringo mia sorella.

«Grazie, posso dirti che sei la sorella che tutti vorrebbero?»

Peggy sorride.

«Devo ammettere che sono proprio una sorella maggiore da sogno», replica lei ridendo.

«Ti voglio bene pure io, buonanotte».

Entro nel B&B.

«Buonanotte, Spencer».

«Buonanotte, noi adesso andiamo».

Salgo le scale facendo scricchiolare il parquet e vado nella mia stanza; Spring House è sempre così intima e poi dalla finestra si scorge tutta la costa e la spiaggia di Porthcurno lambita dalle acque cristalline.

Prendo lo smartphone, vedo come al solito alcune e-mail di Connor che decido di mettere nel cestino non ascoltando i consigli ricevuti; non devo pensare a lui, sono venuta qui proprio per cacciarlo dal mio cuore.

Le giornate e le settimane scorrono tranquille, mi piace lavorare al *Monkey's Cafè*, Dorinne è simpatica e prepariamo un sacco di dolcetti che sono molto apprezzati dalle signore che vengono qua per gustarsi un thè insieme ai nostri muffin o cupcakes.

Quando passo dall'edicola cerco sempre di non soffermarmi a guardare le riviste di pettegolezzi e per adesso sembro essere riuscita a tenere i sentimenti che provo ancora per Connor chiusi nel mio cuore.

Dall'autunno si sta passando all'inverno e con esso dovrebbe anche nascere il mio nipotino o nipotina.

A Spring House fervono i preparativi per il matrimonio di Lily Chester, la wedding planner che insieme a sua sorella Ellie aveva preparato il matrimonio in Scozia di Wendy.

Sembrerebbe che si sia letteralmente innamorata di Spring House quando venne qua qualche tempo addietro e proprio in quella sua vacanza incontrò mia sorella Peggy.

Per adesso continuo a stare a Spring House poi con l'arrivo dei turisti cercherò di prendere un appartamento in affitto.

Anche questa mattina sto facendo una passeggiata per andare al lavoro, si comincia a sentire l'odore dell'inverno; il leggero vento di mare mi accarezza le guance e il pungitopo ha iniziato a mettere le sue bacche.

Spesso quando passeggio per queste strade immerse nella natura mi ritrovo a pensare a lui, a quei suoi occhi verdi e a quel suo raro sorriso e penso che forse non mi ero mai davvero innamorata fino al nostro viaggio in Scozia.

Mi chiedo quando riuscirò a scordarmi di lui.

Ecco che tra un pensiero e l'altro sono sulla porta del simpatico Cafè di Dorinne.

«Buongiorno Lucy, hai fatto la tua solita passeggiata?», mi chiede sistemando dei cookies in vetrina.

«Ovvio, è revitalizzante camminare e anche tu dovresti cominciare a venire qua a piedi».

Sto per mettermi la mia casacca quando Dorinne mi ferma:

«No, mi dispiace ma il ragazzo che viene qua a far divertire i bambini ai compleanni si è slogato la spalla quindi per oggi sarai tu a intrattenerli».

La guardo.

«Cosa? Dovrei far giocare una dozzina di pargoletti urlanti?»

Lei sorridendo aggiunge:

«Devi solo metterti questo costume e farli giocare per il pomeriggio, vedrai i bambini si divertono con poco, una palla, qualche canzoncina dei cartoni animati e ovviamente i nostri dolcetti».

Mi porge il costume da primate che è solito indossare Tim quando viene qua per le feste di compleanno di monelli iperattivi che corrono da una parte all'altra della nostra saletta.

«Dovrei mettermi questo?», chiedo.

«Lucy non posso disdire questa festa, il bambino voleva appunto la nostra simpatica scimmia a far divertire lui e i suoi amichetti quindi dovrai entrare in quel costume».

Prendo l'ingombrante costume da scimpanzè e Dorinne mi dà una mano a chiudere i bottoni.

«Guarda che mi devi un favore», le dico io sistemandomi il sederone fatto di imbottitura.

Lei mi guarda e si mette a ridere.

Non immaginavo che far divertire una dozzina di bambini potesse essere così complicato; da un gioco si passa a un altro, il tutto immersi in continue grida.

Corrono, litigano, si nascondono, si sporcano e poi si riinizia da capo.

Per tutta la festa è Dorinne a servire i clienti che approfittando della giornata mite di inizio inverno si siedono ai nostri tavoli nella piazza per gustarsi un thè accompagnato da uno dei nostri rinomati dolcetti. Io invece cerco di placare scontri tra principesse e supereroi nella saletta che dà sul giardino dove le mamme si rilassano tra una chiacchera e l'altra.

Il tutto con questo assurdo costume da scimmia che oltre a farmi fare una sudata epocale mi fa sembrare più un ippopotamo con un fondoschiena notevole.

Quando tutti i bambini sono tornati soddisfatti, e presumo esausti, dalle loro mamme io mi metto a dare una pulita alla saletta dove si possono trovare ditate di zucchero, cioccolato, marmellata e un po' di aranciata ovunque.

«Lucy, ti volevo dire che oggi sei stata davvero abile con tutti quei bambini, io non avrei proprio saputo come fare».

Poi, iniziando a pulire il tavolo, aggiunge:

«Tutte le mamme erano entusiaste, pensa che alcune hanno già prenotato la festa per il compleanno dei loro bimbi ovviamente chiedendomi la stessa ragazza per far divertire i loro piccoli».

La guardo in cagnesco.

«Non se ne parla, appena la spalla di Tim glielo consentirà tornerà lui a indossare questo costume imbarazzante», le rispondo toccandomi il codino.

Dorinne si volta.

«Ah, potresti andare a portare il conto a quel ragazzo? È da parecchio che è seduto a quel tavolo sulla piazza assorto a leggere. Vorrei poter chiudere ma non sembrerebbe intenzionato ad andare».

Mi incammino facendo ancheggiare il mio ridicolo costume ed esco con il conto.

«Scusi ma dovremmo chiudere la pasticceria», dico avvicinandomi.

L'uomo mi dà le spalle continuando a leggere una rivista.

Io un po' spazientita gli ripeto:

«Dovremmo chiudere, le ho portato il conto».

L'uomo abbassa il giornale e solleva lo sguardo.

Io lo fisso come una stupida senza dire nulla con il cuore che comincia a impazzire.

«Quel costume ti dona molto, dovresti indossarlo più spesso», mi dice Connor guardandomi.

16

Continuo a guardarlo e a respirare proprio come ho imparato al corso di yoga.

Non riesco a spostare lo sguardo da lui; quei suoi occhi verdi tanto intensi e profondi, un lieve accenno di barba di qualche giorno che lo rende incredibilmente sexy, i capelli leggermente più lunghi e porta un piumino sportivo.

È diverso rispetto al capo della *Luxury Cakes*, sempre ordinato ed elegante che vestiva solo con camicie con le sue iniziali e pantaloni dei completi dove cominciai a lavorare un po' di tempo addietro.

Lui mi guarda, non riesco a capire cosa ci faccia a Porthcurno.

Da una parte rivedendolo non vorrei far altro che stringermi al suo petto e farmi baciare, cancellando questi mesi e quello ho letto su quelle assurde riviste scandalistiche.

Dall'altra invece vorrei dirgli di tornarsene a Londra, da Katrina, in quella che forse è la casa che hanno acquistato insieme.

Ma soprattutto non capisco cosa voglia, perché sia venuto qui.

Lui mi chiede:

«Ti piace lavorare in questa pasticceria? Ho assaggiato i cupcakes ai mirtilli e cioccolato, sono davvero gustosi e se non sbaglio devi essere stata tu a prepararli».

Poi, aggiunge:

«Ho notato l'*icing* con le decorazioni Disney e ho immaginato che fossero idea tua».

Si passa la mano sul mento e mi domanda:

«Tutto a posto, Lucy?»

Respiro.

«Sì tutto a posto, lavorare qui mi piace, i clienti sono cortesi e non chiedono dolci assurdi e Dorinne è pure simpatica. Poi adoro stare qua, i ritmi rilassanti sono estremamente diversi da quelli di Londra e Porthcurno, con la sua spiaggia, è un sogno».

Poi aggiungo:

«Noi dovremmo chiudere», gli metto il conto sul tavolo e faccio per rientrare quando lui mi afferra la mano.

«No, per favore aspetta. Siediti un istante».

«Te l'ho detto dobbiamo chiudere e poi io non ho nulla da dirti».

Lui continua a guardarmi.

«Lucy, per favore».

Lo guardo ma non riesco a non pensare a quelle foto di lui e Katrina che si baciano.

«Mi dispiace Connor ma ho già fatto la mia scelta quando sono venuta qua e non voglio stare a sentirti quindi per favore alzati che dobbiamo chiudere il locale».

Per qualche istante restiamo lì, l'uno davanti all'altra, a guardarci; lui allunga impercettibilmente la mano a sfiorare la mia.

Quando avverto il suo tocco leggero sento una scossa lungo la schiena poi mi volto e mi incammino nella pasticceria.

Poi mi dice:

«Ti amo, Lucy».

Non mi volto, entro nel negozio e chiudo la porta alle mie spalle.

Sto andando a Spring House, cammino con il vento che mi scompiglia i capelli e non riesco a smettere di pensare a lui.

Mi ha detto che mi ama, ma anche poco fa, proprio come feci a Londra, ho preferito scappare che stare ad ascoltarlo.

So che se lo avessi fatto, avrei voluto tornare con lui ma sono conscia che stare con un personaggio noto non è semplice per non parlare del fatto che gli uomini come lui hanno il potere di spaccarti il cuore e il mio è già malconcio.

Entro nel B&B, Spencer è indaffarato a spostare alcune ceste di piumini e trapunte per le stanze degli invitati al matrimonio di Lily e Chris.

Sto salendo la scala quando mi dice:

«È passato un ragazzo che mi ha chiesto se fossi tuo cognato; mi ha dato quel sacco per te».

Mi volto e sul mobile vedo quello di cui mi accennava Spencer.

«Mi pareva quasi di conoscerlo, aveva un viso familiare o forse era solo un corriere che mi aveva già fatto altre consegne».

Mi avvicino al comò, prendo il sacco e mi incammino su per le scale.

Nella mia stanza mi siedo alla toeletta e mi ritrovo a fissare per qualche istante una lettera, una scatola e una stampa arrotolata.

Respiro e respiro poi prendo la lettera e inizio a leggere.

"Ciao Lucy,

Poco fa non hai voluto starmi a sentire così ho pensato di scriverti. Porthcurno e Spring House sono incantevoli proprio come mi avevi raccontato tu, non è difficile capire perché tua sorella abbia deciso di abitare qua.

Forse è per il paesaggio da sogno, il mare cristallino e la spiaggia battuta dal vento che hai scelto anche tu di venire qua? No, io non credo. Quando ci hai mandato la tua lettera di licenziamento non posso negare di essermi arrabbiato davvero molto con te, avevi creduto a quello che scrivevano quelle insulse riviste senza ascoltarmi. Non ti sei voluta fidare, hai pensato che ti avessi solo presa in giro. Ho provato a non pensarti, a dirmi che sei solo una ragazzina stupida, testarda e cocciuta ma invece, quello che riesco a fare è semplicemente continuare ad amarti.

Sì, perché io ti amo come non avevo mai fatto.

Penso di essermi innamorato di te quando sei entrata all'aeroporto con quella imbarazzante valigia, anche se mi sembrava la cosa più assurda che potessi fare.

Tu mi hai cambiato, sei riuscita a farmi vedere il mondo con i tuoi occhi e posso dirti che è incantevole.

Pensa, una mattina invece di andare al lavoro mi sono ritrovato a passeggiare per il mercato di Portobello, e in quella bancarella che vende vecchie locandine mi sono messo a cercare e ho trovato proprio la Bella e la Bestia, non potevo che acquistarla.

Se ti conosco bene, sono sicuro che non avrai letto altro e che avrai cercato di mantenerti alla larga da edicole e da tutti quei negozi che vendono giornali.

Volevo solo dirti che quei pettegolezzi ai quali hai creduto senza ammettere replica sono stati smentiti, sia da parte mia che da Katrina.

Era un modo sia per sponsorizzare l'uscita delle sua nuova serie TV che, ovviamente, per vendere giornali.

Lei, per quel che so io, non è incinta e la nostra relazione era naufragata tempo prima del nostro viaggio in Scozia; quelle foto erano vecchi scatti già pubblicati in precedenza come quella del bacio.

Sai, nei pressi della Luxury Cakes hanno aperto un negozio di Louboutin. Uscendo dal lavoro un pomeriggio sono entrato nella boutique, non so neppure io il perché, e le ho notate subito: trasparenti con cristalli e con quella classica suola rossa. Ho subito pensato a te, ho pensato che forse se quella sera non avessi messo proprio quelle deliziose scarpe col tacco non saresti caduta dalla scalinata e forse noi non ci saremo mai baciati e amati.

Sì, io ti amo, restare a Londra mi porta a pensarti e proprio per questo ho deciso di accettare un'interessante proposta di lavoro sulla East Cost. Per un po' sarà Ingrid al timone della Luxury Cakes, ha sempre lavorato con molta serietà ed è una professionista.

Penso che staccare la "spina" potrà darmi una mano a scordarmi di quell'assistente combinaguai che mi ha rapito il cuore.

Sì, sto facendo come te, sto scappando perché forse spesso è la cosa più semplice.

Ti amo e ti auguro di essere contenta delle tue scelte, sempre".

Connor

Nel sacco oltre alla locandina della *Bella e la Bestia* trovo un paio di Louboutin, lo stesso modello che mi aveva prestato Ellie in Scozia.

Resto qualche istante a fissare la calligrafia elegante di Connor con la sofisticata decolleté in mano.

Mi ama ma sta partendo, sta andando sulla East Cost per dimenticarmi.

Respiro e mi alzo facendo cadere il pouf.

Scendo di corsa le scale.

«Ti ha detto dove stava andando?», chiedo io.

Mio cognato mi guarda senza capire.

«Il ragazzo che ti ha portato quel pacco, sai dove andava?», puntualizzo.

«No, mi ha solo chiesto dove poteva trovare un meccanico perché aveva un problema con l'auto», fa una pausa e aggiunge, «ovviamente gli ho detto di andare da Orazio in paese».

«Per favore, puoi prestarmi la macchina di Peggy?»

Spencer un po' perplesso mi porge le chiavi della Mini di mia sorella.

«E l'autofficina di questo Orazio, dov'è?», gli chiedo mettendomi le mie Converse scozzesi.

«È sulla strada che porta in paese, la vedi non puoi sbagliare».

«Grazie», gli rispondo uscendo di corsa in giardino.

È da parecchio che non guido e con difficoltà passo da una marcia all'altra facendo stridere l'auto, a Londra con tutto il traffico ero solita andare a piedi o utilizzare i mezzi pubblici.

Passo per una strada immersa nel verde che conduce in paese, spero solo che Connor sia ancora lì.

Cazzo, perché non sono stata a sentire quello che voleva dirmi? Perché sono così cocciuta?

Ecco che vedo l'officina, fermo la macchina e scendo. Mi avvicino.

«Mi dispiace ma sto chiudendo», mi dice il meccanico dall'aspetto un po' discutibile.

«Scusa volevo sapere se è passato da te un ragazzo proveniente da Londra. Aveva un problema con l'auto».

Lui si dà una grattatina al mento.

«Il riscaldamento non gli funzionava, ma era solo per colpa delle foglie che avevano intasato il deviatore», poi prosegue, «macchine così eleganti non se ne vedono da queste parti. Mi ha anche dato una mancia».

Lo interrompo.

«Ti ha detto dov'ero diretto?»

«Mi pare che abbia detto che tornava a casa, i turisti in questa stagione sono pochi. Scusa ma devo chiudere, se hai qualche problema con la tua auto passa in mattinata che vedo di metterci mano».

Merda, sta tornando a Londra e io sono uscita senza il cellulare e non posso neppure chiamarlo.

Rimango qualche istante lì ad ammirare la costa di Penzance poi salgo in macchina per tornare al B&B.

Ripercorro la stessa strada a una sola corsia poi prendo il vialetto che conduce a Spring House.

Si è alzato un po' di vento, e in lontananza si sentono dei tuoni; sto entrando in casa quando sento:

«Non potevo scappare, non l'ho mai fatto e non inizierò adesso, con te».

Lo guardo, i suoi occhi indugiano qualche istante sul mio viso, poi si avvicina.

«Avevo un problema con l'auto così mi sono fermato in un'officina giù in paese, pensavo di tornare a Londra per poi partire ma ho capito che non volevo salire su un aereo senza averti guardato negli occhi e averti detto che ti amo e che sei stata dannatamente cocciuta e testarda a non essermi stata ad ascoltare».

Si avvicina ancora annullando quasi lo spazio tra noi.

Allunga la mano per sfiorarmi la guancia.

«L'hai capito adesso che non amo che te? Quello che scrivono i giornali spesso sono soltanto cazzate per vendere più copie. La storia tra me e Katrina era chiusa già molto tempo addietro, io non ti ho mai presa in giro».

Sollevo lo sguardo.

«Se ti dicessi che sono stata una stupida, mi crederesti?»

Lui sorride.

«Sono d'accordo, anche se aggiungerei, piuttosto, estremamente cocciuta».

Mi perdo in quei suoi occhi verdi ormai familiari e gli chiedo:

«Avresti voglia di baciarmi?»

Lui mi guarda.

«Lo avrei fatto lo stesso anche se tu non me lo avessi chiesto», mi dice attirandomi a sé, baciandomi.

Restiamo lì, il vento che ci accarezza il viso e il rumore del mare a farci da colonna sonora.

«Dovremmo entrare, sta cominciando a piovere», esclamo.

Lui mi attira ancora a sé per un altro bacio con la pioggia che ci solletica il viso.

Quando ci incamminiamo per entrare in casa gli dico:

«Sai, inizio a pensare che un paio di scarpe siano riuscite davvero a farmi trovare l'amore, un paio di costose Louboutin mi hanno fatto cadere per farmi innamorare di un principe azzurro, quasi come è successo a Cenerentola!»

Connor mi stringe.

«Allora dovremmo trovare anche quella locandina da aggiungere alla tua collezione e poi potremmo anche dire che le favole che tanto ti piacciono non sono solo fantasia».

Lo guardo, sorrido e con il vento che ci solletica il viso entriamo in casa.

Io l'ho sempre detto che ognuno di noi può trovare la sua favola, dobbiamo solo impegnarci un po' a cercarla e seguire sempre quello che ci dice il nostro cuore.

Epilogo

Sto camminando a passo spedito per andare al lavoro e come al solito non sono orario.

Regent's Park è di nuovo tinto coi colori della primavera, tutte le piante sono rigogliose e ovunque si può respirare l'odore degli alberi in fiori.

Questa mattina Connor prima di uscire mi ha preparato per colazione dei gustosi cupcakes al cocco e granella di mandorle, cosa alla quale mi ha abituato da quando siamo tornati insieme da Porthcurno.

Il nostro soggiorno in Cornovaglia si è dimostrato piuttosto movimentato, difatti proprio in quei giorni tutta Spring House era in fermento per il matrimonio di Lily e Chris e proprio quando gli sposi stavano per scambiarsi gli anelli si sono rotte le acque a mia sorella.

Che emozione vedere Peggy che raggiante cullava la sua piccola Jane.

Non posso che sorridere.

Riesco a salire su uno di quei vecchi bus che circolano ancora per Londra per raggiungere la *Luxury Cakes*.

Quando entro nell'elegante palazzo nei pressi del *VeA's Museum* sono già esausta.

Apro la porta e corro a mettermi la mia casacca pantalone giallo.

«Dovrò cominciare io a buttarti giù dal letto!», mi dice Connor avvicinandosi per darmi un bacio nell'incavo della spalla.

Mi volto e sorrido guardando quegli occhi verdi che tanto amo.

«Il tuo letto king size è estremamente comodo e a quanto pare mi concilia pure il sonno», esclamo io baciandolo.

«Piuttosto quando ti deciderai a dare la disdetta dell'affitto del tuo appartamento? Ormai abitiamo insieme quindi mi sembra assurdo continuare a pagare qualcosa che nessuno utilizza».

Posa le sue labbra sulle mie per darmi un bacio.

«Adesso andiamo, non vorrei che in giro si iniziasse a dire che a essere la fidanzata del capo si può fare ciò che si vuole».

Lui mi guarda di sottecchi.

«Mi dispiace ricordarti che anche prima non arrivavi mai in orario».

Inizio subito a lavorare con Ingrid alla preparazione di un dolce per la festa di addio al nubilato di una nota showgirl, le cui decorazioni sono piuttosto "vivaci".

La giornata scorre senza soste con tempi strettissimi. La passo soprattutto al fianco di ingrid alle prese con falli fosforescenti, manette e quant'altro in tema con una festa di sole donne.

Connor e io, verso sera, ci incamminiamo verso quella che adesso anch'io chiamo casa.

Amo questa nostra passeggiata serale tra *Kensington Gardens, Hyde Park* fino a *Marble Arch* dove solitamente prendiamo la metro che ci porta direttamente alla stazione di *Regent's Park,* soprattutto nelle mezze stagioni.

Stiamo passando per *Kensington Gardens* quando Connor mi dice:

«Sai, penso che forse per riuscire a sistemare la casa dovremmo chiedere il parere di un professionista che ci dia una mano su come organizzare l'appartamento facendo anche un po' di *decluttering*».

Lo guardo un po' in cagnesco.

«Vorresti dire che sono un disastro anche in casa?»

Lui sorride.

«No è solo che sei una sorta di accumulatrice seriale e magari sistemare la casa con qualcuno che ha fatto del "riordinare" il suo lavoro potrebbe esserci utile. Ingrid mi ha suggerito una ragazza piuttosto rinomata che fa appunto questo, una certa Anita Cavendish alla quale avevamo preparato un dolce qualche tempo addietro proprio per un evento di lavoro».

Poi, quasi timidamente, mi chiede:

«Che dici? Pensi che potrebbe essere interessante sistemare e ordinare armadi e quant'altro con questa Anita?»

Lo guardo un po' imbronciata.

«Sei arrabbiata?»

Mi soffermo.

«Tu mi ami anche se adoro accumulare cose inutili e se sono un autentico disastro?»

Lui mi sorride.

«Ti amo indefinitivamente».

Lo avvicino e lo bacio.

Restiamo lì come solo chi è innamorato sa fare, con il lieve vento primaverile che ci accarezza scompigliandoci i capelli a baciarci; poi ridendo aggiungo:

«Ti avviso che però non ho nessuna intenzione di mettere da parte né le mie locandine Disney né tantomeno le Louboutin. Continuo a pensare che quelle scarpe siano state un po' magiche, mi hanno fatto letteralmente cadere per trovare il grande amore».

Connor si mette a ridere.

«Sei un autentico disastro ma forse è proprio per quello che ti amo».

The End

Curiosità

Sperando che Lucy e Connor siano riusciti a farvi passare qualche ora spensierata in loro compagnia, ecco diverse curiosità su alcuni luoghi a loro particolarmente cari!

Ovviamente non poteva che esserci Eilean Donan Castle, è lì che è nato il loro amore. Il castello è ubicato su di un'isola in cui convergono tre laghi. Il paesaggio particolarmente suggestivo, la natura rigogliosa e le guglie del castello che si riflettono nelle acque cristalline hanno ispirato numerosi registi. Il castello infatti appare in numerosi film tra cui Highlander, James Bond in *The World Is Not Enough*, dove l'edificio fu scelto come sede dei servizi segreti britannici, e nella più recente commedia romantica: Un amore di testimone.

Come è semplice immaginare, Eilean Donan è uno dei monumenti più fotografati dell'intera Scozia.

È un'icona scozzese facilmente riconoscibile che compare anche in pubblicità e sulle confezioni di biscotti, Whiskey e altri prodotti delle Highlands.

In Scozia oltre al castello di Eilean Donan, seguendo il consiglio di Miss Mac Cullivan, Connor e Lucy hanno apprezzato molto la cittadina di Portree, la più grande dell'isola di Skye.

Quest'ultima si può raggiungere passando per un ponte di recente costruzione, oppure prendendo l'unico traghetto a piattaforma girevole di tutta la Scozia che collega Glenelg con l'isola.

Portree è famosa per il suo porto con le case colorate color pastello che riflettono la loro immagine in questo specchio d'acqua.

Prima di rientrare potete decidere di fermarvi nel suggestivo Neist Point con lighthouse nell'estremo nord ovest di Skye. Il faro è proprio come quello che disegnano i bambini, bianco, segnato dalle intemperie con macchie di sale sparse sui muri. Dalla sua cima è possibile ammirare quel braccio di oceano argentato che separa il nord di Skye e il nord ovest delle Highlands dalle isole di Lewis e Harris.

Se invece passate da Londra non potete perdervi il mercato di Portobello Road.

Una sosta è obbligatoria da Alice's, un negozio di antiquariato a conduzione familiare. Vende un po' di tutto dall'antiquariato, appunto, alle stampe, stoviglie, attrezzatura da giardino, finti fenicotteri e vecchi barattoli di marmellata. Tipiche sono le vaste collezioni di teiere e servizi da thè. Anche Lucy non è riuscita a uscire dal negozio senza averne acquistata una.

Concedetevi poi una rilassante passeggiata per i sentieri di Kensington Gardens. Qui potrete imbattervi in qualche simpatico scoiattolo che in cambio di alcune noccioline si farà scattare tranquillamente delle foto o magari incontrerete Lucy e Connor che rientrano a casa dopo il lavoro passando per il parco.

Se invece doveste decidere di fare una vacanza in Cornovaglia passate da Porthcurno e magari soggiornate nel B&B di Spencer, Spring House vi incanterà con il suo giardino rigoglioso e il suo panorama. Da qui si vede la spiaggia dorata lambita da acque cristalline dove vi potrete concedere una passeggiata. Poi, prendete la macchina e recatevi a Penzance. Fate un giretto tra le sue stradine ricche di negozietti, fermatevi a mangiare delle classiche Cornish pasties locali e poi proseguite fino a Marazion per andare a Saint Michael's Mount.

Si tratta di un'isola tidale, che nelle giornate di bassa marea è possibile raggiungere a piedi. Altrimenti, dal piccolo attracco, troverete diversi pescatori disposti a portarvi sull'isola.

Da vedere il castello, i suoi giardini dove crescono anche piante tropicale grazie al suo microclima, il villaggio o semplicemente assaporate l'atmosfera dell'isola passeggiando tra le sue viuzze in ciottoli.

Ringraziamenti

Un grazie alla mia rumorosa famiglia, lo sapete siete tutto per me. Ai miei genitori che mi hanno sempre supportata e amata a dismisura. Alle mie due bimbe, siete il dono più prezioso che potessi avere. I vostri sorrisi e i vostri abbracci mi riempiono il cuore d'amore. Un grazie alle mie nonne che mi hanno sempre coccolata e lo fanno tutt'ora. Ringrazio poi mio marito, il primo ad aver creduto nei miei romanzi. Se non fosse stato per lui le mie storie sarebbero ancora in una semplice cartella sul desktop del mio PC. Un grazie va poi alla Blueberry Edizioni e al mio direttore Ale per aver creduto in me e non soltanto come autrice.

E ovviamente a tutti voi che avete scelto di trascorrere un po' del vostro tempo in compagnia di Lucy e Connor.

Grazie di cuore,

Liz

Printed by Amazon Italia Logistica S.r.l.
Torrazza Piemonte (TO), Italy

39936687R00116